家庭农牧场
高质量发展研究

运向军　王　强　编著

中国农业科学技术出版社

图书在版编目(CIP)数据

家庭农牧场高质量发展研究／运向军，王强编著．--北京：中国农业科学技术出版社，2023.11
　　ISBN 978-7-5116-6501-0

Ⅰ．①家⋯　Ⅱ．①运⋯②王⋯　Ⅲ．①农场-经济发展-研究-中国②牧场-经济发展-研究-中国　Ⅳ．①F324.1

中国国家版本馆 CIP 数据核字(2023)第 206605 号

责任编辑　李冠桥
责任校对　贾若妍　李向荣
责任印制　姜义伟　王思文

出 版 者	中国农业科学技术出版社 北京市中关村南大街 12 号　　邮编：100081
电　　话	(010) 82106632（编辑室）　　(010) 82109702（发行部） (010) 82109709（读者服务部）
网　　址	https://castp.caas.cn
经 销 者	各地新华书店
印 刷 者	北京建宏印刷有限公司
开　　本	170 mm×240 mm　1/16
印　　张	7.5
字　　数	130 千字
版　　次	2023 年 11 月第 1 版　2023 年 11 月第 1 次印刷
定　　价	40.00 元

◆◆◆ 版权所有·翻印必究 ◆◆◆

《家庭农牧场高质量发展研究》
编著委会

主 编 著：运向军　王　强
副主编著：刘海英　苑曙光
参　 编：智　荣　陈梅梅　朱怡倩
　　　　　李　伟　刘雪东　高海智

前　言

家庭农牧场作为新型农牧业经营主体，是现代农牧业高质量发展的内在要求。家庭农牧场以家庭为载体，以自有或流转土地为生产资源，采用适度规模经营，是保障国家重要农畜产品供给的主要力量。发展家庭农牧场，要坚持和完善农村牧区基本经营制度，面向建设农业强国目标和粮食安全"国之大者"，增强市场竞争力，促进共同富裕。家庭农牧场高质量发展，既是贯彻落实党中央和内蒙古自治区决策部署的具体行动，也是巩固拓展脱贫攻坚成果、全面推进农牧区乡村振兴的现实需要。

在生态优先、高质量发展导向下，聚焦生态农牧业，积极主动作为，持续推进家庭农牧场高质量发展。当前，针对家庭农牧场领域的突出问题，迫切需要破难题、补短板、强优势，提升家庭农牧场生产水平。在此基础上，我们总结提炼家庭农牧场典型模式，对草原牧区实施乡村振兴战略起到了积极的推动作用。发展家庭农牧场是高度重视草原牧区乡村振兴、更好服务于草牧业产业提升的重要举措，对实现中华民族伟大复兴提供了有力支撑。家庭农牧场高质量发展需要借助草原畜牧业转型升级、粮改饲项目、草原生态补奖政策、草原经营管理、牧区现代化等政策。我们要充分利用好自然资源，广泛汇聚各方人才，推动高质量发展，努力建设高水平家庭农牧场。

希望广大科技工作者围绕"国之大者"，继承和发扬科学家精神，牢记责任使命，紧紧围绕党和国家的中心任务，继续为国家粮食安全和生态安全贡献力量。

编著者

2023 年 7 月 17 日

目 录

第一章 家庭农牧场发展概述 ·· 1
 一、引言 ··· 1
 二、家庭农牧场高质量发展的重要性 ······································ 1
 三、家庭农牧场发展存在的问题 ··· 3
 四、国外家庭农牧场简介 ·· 4
 五、国内家庭农牧场简介 ·· 6

第二章 家庭农牧场政策性农业保险研究 ·························· 12
 一、引言 ··· 12
 二、数据来源与研究方法 ··· 13
 三、研究现状统计分析 ··· 14
 四、研究热点与趋势可视化分析 ··· 17
 五、政策建议 ··· 20

第三章 家庭农牧场草原承包经营权分置研究 ·················· 22
 一、引言 ··· 22
 二、草原承包经营权分置的重要性 ······································· 23
 三、草原承包经营权分置可行性分析 ··································· 26
 四、草原承包经营权分置相关条款汇编 ······························· 29
 五、草原承包经营权分置完善建议 ······································· 31

第四章 内蒙古家庭农牧场高质量发展路径研究 ·············· 33
 一、引言 ··· 33
 二、数据来源与研究方法 ··· 34

三、结果分析 ·· 36
　　四、原因分析 ·· 40
　　五、政策建议 ·· 45
第五章　家庭农牧场高质量发展优化建议 ···································· 47
　　一、着力破解家庭农牧场建设用地难问题 ······························ 47
　　二、加大金融支持家庭农牧场扶持力度 ································· 47
　　三、财政支持家庭农牧场基础设施建设 ································· 48
　　四、科技支持家庭农牧场高质量发展 ···································· 48
　　五、强化农业抗灾减灾和卫生防疫体系建设 ·························· 48

参考文献 ··· 50

附录1　家庭农牧场政策汇编 ·· 58
　　关于促进家庭农场发展的指导意见 ······································ 58
　　农业部办公厅关于进一步做好家庭农场认定和名录建设工作的通知 ··· 61
　　关于实施家庭农场培育计划的指导意见 ································ 64
　　新型农业经营主体和服务主体高质量发展规划（2020—2022年）
　　　（节选） ·· 69
　　关于推广使用家庭农场"随手记"记账软件的通知 ··············· 71
　　关于全面实行家庭农场"一码通"管理服务制度的通知 ········ 76
　　内蒙古自治区家庭农牧场认定工作意见 ······························· 84
　　关于开展自治区级示范家庭农牧场评定工作的通知 ·············· 89
　　关于加快培育发展家庭农牧场的指导意见 ··························· 92

附录2　江苏、上海家庭农牧场促进发展条例 ······················· 98
　　江苏省家庭农场促进条例 ·· 98
　　上海市促进家庭农场发展条例 ·· 105

第一章　家庭农牧场发展概述

一、引言

家庭农牧场，在我国全国性政策文件中简称为家庭农场，是起源于欧美的舶来名词。家庭农牧场在美国历史上发挥了重要作用，至今仍是美国文化的基石，在今天，美国仍然是世界领先的农产品出口国，其绝大多数农牧场仍然是家族所有。家庭农牧场是以农牧户家庭为基本组织单位，以家庭成员为主要劳动力，以适度规模的农、林、牧、渔等产业为劳动对象，以高效的劳动、现代化的技术为生产要素，从事专业化、集约化农牧业生产，以农牧业收入为家庭主要收入来源，实行自主经营、自我积累、自我发展、自负盈亏和自我管理的新型农牧业经营实体。

在中国，家庭农场类似于种养大户的升级版。1984年1月，《中共中央关于一九八四年农村工作的通知》指出，国营农场应继续进行改革，实行联产承包责任制，办好家庭农场。从此，家庭农牧场在我国开始兴起，其中黑龙江发展比较快。进入21世纪以来，在一系列新政推动下，全国家庭农牧场获得飞速发展，截至2021年9月底，全国家庭农牧场数量已经超过380万个，平均经营规模达到134.6亩[①]。

二、家庭农牧场高质量发展的重要性

（一）保障粮食和重要农畜产品稳定安全供给

家庭农场，通俗地说就是扩大版的农户，在保障粮食和重要农畜产品稳

---

① 1亩约为667平方米，全书同。

定安全供给方面发挥了重要作用。粮稳天下安,保障粮食安全和重要农畜产品供给依然是建设"农业强国"的头等大事和重要基础。"全方位夯实粮食安全根基"和"大食物观"两大基调为我国农业生产发展指明了方向,在具体措施上处处体现在全方位多途径拓展农业生产活动空间,从空间、时间上要土地、要产量,把充分利用农业自然资源和社会资源推向新的高度。粮食安全是"国之大者"。习近平总书记指出,保障粮食和重要农产品稳定安全供给始终是建设农业强国的头等大事。党的二十大报告提出,构建多元化食物供给体系,确保中国人的饭碗牢牢端在自己手中。推动家庭农牧场高质量发展,保障粮食和重要农畜产品稳定安全供给,更好满足人民群众日益多元化的食物消费需求。

(二)农业适度规模经营高质量发展促进共同富裕

家庭农牧场是农业适度规模经营高质量发展的重要领域,通过制定相关制度引导农场牧区土地经营权有序流转,在政府进行备案管理,一方面规范管理,减少基层社会纠纷;另一方面政府指导优化土地配置,发展适度经营。家庭农牧场有利于促进农业技术推广应用和农业增效、农牧民增收,是发展现代农业、建设农业强国的必由之路,是促进共同富裕的重要实现路径。加大人才、金融、科技、信息等服务力度,不断提高家庭农场经营能力。持续发挥新型农业经营主体对产业链提升有支撑作用,在产业用地、金融、税收、水电、奖补等方面给予家庭农牧场为代表的新型农业经营主体优惠扶持,促进共同富裕。

(三)家庭农牧场高质量发展有助于防范土地流转风险

家庭农牧场具有成员稳定、土地长期承包的特点,不仅给有从事家庭农牧场经验的农牧户以长远预期,也能有效激发人们保护、爱惜耕地的热情和动力,有助于解决流转土地过度利用,导致耕地质量下降、土壤退化和污染等问题。同时,政府相关部门加强对工商企业租赁农户承包地的监管和风险防范,尤其对大面积租赁农户加强承包地的资格审查、项目审核,落实风险保证金制度,土地流转管理服务机构也要对租地企业进行跟踪监测,发现违法违规行为及时报告政府主管部门查处纠正。另外,及时化解农村土地经营权流转矛盾,维护农民和经营主体合法权益。

三、家庭农牧场发展存在的问题

（一）经济效益不显著导致对农牧场居民吸引力不高

通过调查巴彦淖尔市、鄂尔多斯市、乌兰察布市、呼伦贝尔市等多户家庭农牧场主发现，受农畜产品价格影响，家庭农牧场收入呈现波动趋势。受信息不对称影响，家庭农牧场主获取市场信息存在滞后性，市场预测存在盲目性，往往在市场行情好的时候存在乐观情绪而惜售，在市场行情差的时候存在悲观情绪怕跌出售，导致难以把握市场脉搏，获取最大经济收益。以巴彦淖尔市乌拉特中旗某家庭牧场为例，在肉产品价格高时候，出栏牲畜市场售价为32万元，观望半年后，成本增加3万元，市场售价降为23万元，损失机会成本12万元。另外，近年来，农资、流转土地和人工成本涨幅明显，导致家庭农牧场主积极性受到冲击。

（二）支持政策落地难导致政策执行出现偏差

国家发布了一系列政策文件支持家庭农牧场的发展，具体的财政补贴和税收优惠政策需要县级地方人民政府财政部门和税收部门专门制定财政补贴、税收减免政策等支持家庭农场发展的财税政策。在实地调研过程中发现两种现象，一是国家有指导意见，但地方尚未出台相关政策；二是地方出台相关政策，但具体落实难。以某地为例，当地出台耕地地力补贴制度，家庭农场主按照政策申请流程提交相关材料，受财政资金紧张的影响，补贴费用长期不能落实。

（三）融资渠道受限导致家庭农牧场转型升级难

家庭农牧场主在基础设施、农机购置时需要大量的资金支持，季节性资金需求较大。受银行风控机制的制约，单纯的家庭农场很难得到资金支持。通过调查巴彦淖尔市、鄂尔多斯市、乌兰察布市、呼伦贝尔市等地多户家庭农牧场主发现，目前融资渠道少，多通过银行或者个人进行贷款。由于家庭农牧场主难以提供符合银行规定的可抵押资产，银行贷款往往是通过担保或者整村授信等方式进行，增加了借贷资金成本，同时贷款额度也有限。调查发现，家庭农牧场主在购置种子、饲料时候可以赊欠一部分账款，支付方式为"先用后付",这样势必可以降低家庭农牧场的资金压力,但是赊欠比例往往不高,作用有限。

四、国外家庭农牧场简介

美洲、欧洲、大洋洲等农牧业发达国家,通过家庭农牧场展示农牧业发展成果,因此家庭农牧场成为重要的外交场所。我国对农牧业现代化非常重视,中国领导人多次参观过澳大利亚、爱尔兰、美国等国家的农牧场。农牧场是国际交往的重要场合,国家主席习近平先后多次出国访问,深入国外农牧场进行考察,见表1.1。我们可以跟随习近平主席的脚步,对国外农牧场发展进行分析。

表1.1 国家主席习近平参观过的农牧场

序号	日期	访问国家	农牧场
1	2010年6月20日	澳大利亚	卡尔德米德牧场
2	2012年2月16日	美国	得梅因金伯利农场
3	2012年2月19日	爱尔兰	詹姆斯·林奇农场
4	2013年6月7—8日	美国	安纳伯格庄园
5	2013年6月3日	哥斯达黎加	萨莫拉咖啡种植园农场
6	2014年7月19日	阿根廷	共和国庄园

(一)卡尔德米德牧场

卡尔德米德牧场,位于澳大利亚墨里河畔,拥有"国际公认最佳奶牛饲养带"之称的纯净空旷天然牧场。卡尔德米德牧场有近百年的历史,有400多头奶牛,有荷斯坦牛、娟姗牛、伊拉瓦拉牛等良种奶牛,且牧场中的奶牛均采取低密度的轮牧放养方式。每头奶牛都建立电子信息系统,用于记录奶牛的生长情况。从源头对奶源的营养、安全、标准等进行严格把关,也为输出有品质保证的安全奶源打下坚实基础。

（二）得梅因金伯利农场

得梅因金伯利农场始建于1850年，位于美国艾奥瓦州首府得梅因，占地3万亩，主要生产玉米、大豆等，是美国高度现代化农场的典型代表，被媒体誉为"拉动粮食生产的火车头"。2023年3月，得梅因金伯利农场中国总部项目在安吉县农业高新区投资约5 000万元，将在安吉建设集现代农业生产、科研育种、技术示范与展示等为一体的金伯利数字化农场，并打造成农业可持续发展的示范基地。

（三）詹姆斯·林奇农场

詹姆斯·林奇农场以奶牛为主要养殖品种，拥有120头荷斯坦奶牛。詹姆斯·林奇农场自然条件优越，牧草质量好。农场管理先进，采用数字化追溯系统。在生产端，农场采用耳标对养殖牲畜进行数字化管理，记录信息广泛，包括出生日期、饲养情况和疫苗接种等信息。在销售端，一旦发现质量问题，可以快速溯源并及时处理。

（四）安纳伯格庄园

安纳伯格庄园，位于美国加利福尼亚州，占地0.81平方千米，由非营利组织安纳伯格信托基金和安纳伯格家庭信托共同管理。安纳伯格庄园风景宜人，气候适宜，提供住宿、休闲、艺术品展览等多项服务，是大型庆典重要举办地，也是美国总统接见外宾的重要场所。它是坐落在沙漠中的农牧场，是观光农业和生态农业的典型代表。

（五）萨莫拉咖啡种植园农场

萨莫拉咖啡种植园农场是哥斯达黎加当地一个小型咖啡种植园，农场主为马尔科·萨莫拉，已经从事咖啡种植52年了，咖啡是其家庭收入的主要来源。在实际经营过程，家庭成员参加农场经营活动。农场不仅出售咖啡，还提供咖啡品尝服务，是一家集观光和销售于一体的家庭农场。

（六）共和国庄园

共和国庄园，位于阿根廷布宜诺斯艾利斯省，归莫内塔家族所有。共和国庄园在家庭成员的经营下,经过30多年的发展,以饲养体格强壮、耐力好的克里奥罗纯种马为主,是阿根廷最大的种马培育基地,也是阿根廷农牧业发展的典型代表。同时,庄园还提供马术、歌舞表演和餐饮服务。

五、国内家庭农牧场简介

在国家一系列政策推动下,我国家庭农牧场发展迅速。2019年以来,农业农村部办公厅公布4批全国家庭农场典型案例名单,分别见表1.2、表1.3、表1.4、表1.5。

表1.2 第1批全国家庭农场典型案例名单

序号	名称	序号	名称
1	安徽省天长市稼农家庭农场	14	四川省宜宾市叙州区稻香坛种养殖家庭农场
2	辽宁省清原满族自治县明宇家庭农场	15	重庆市涪陵区洪家大院家庭农场
3	山东省郯城县农大家庭农场	16	重庆市巴南区昌元家庭农场
4	河北省石家庄市藁城区国奇农兴家庭农场	17	陕西省榆林市榆阳区四娃圆梦家庭农场
5	山东省济宁市兖州区向阳花家庭农场	18	吉林省长春市九台区绿野家源家庭农场
6	河南省夏邑县王飞家庭农场	19	江西省都昌县金稻家庭农场
7	天津市蓟州区禹道家庭农场	20	山西省稷山县全胜家庭农场
8	青海省大通县宝丰家庭农场	21	广东省珠海市斗门区禾菜园家庭农场
9	吉林省永吉县张全家庭农场	22	甘肃省敦煌市顺天家庭农场
10	甘肃省天水市麦积区辉旭养殖家庭农场	23	新疆维吾尔自治区阿克苏市盛世桃源家庭农场
11	四川省开江县鸿发家庭农场	24	湖南省浏阳市孔蒲中家庭农场
12	贵州省凯里市玉龙养殖家庭农场	25	内蒙古自治区兴安盟科尔沁右翼中旗白海林家庭农牧场
13	上海市松江区李春风家庭农场	26	江苏省句容市如花家庭农场

表 1.3　第 2 批全国家庭农场典型案例名单

序号	家庭农场名称	序号	家庭农场名称
1	天津市西青区田园风情家庭农场	26	山东省莒县小店横山家庭农场
2	河北省定州市伟平家庭农场	27	山东省商河县瑞泰家庭农场
3	河北省成安县振堂家庭农场	28	河南省确山县白晶家庭农场
4	山西省临猗县娜杰家庭农场	29	河南省新县茅屋冲家庭农场
5	山西省曲沃县增益家庭农场	30	河南省永城市新全家庭农场
6	内蒙古自治区锡林郭勒盟镶黄旗托亚家庭牧场	31	湖北省武汉市黄陂区木兰谌芳园家庭农场
7	内蒙古自治区鄂尔多斯市鄂托克旗斯庆家庭牧场	32	湖南省慈利县裕丰家庭农场
8	辽宁省铁岭县蔡牛永涛家庭农场	33	广东省平远县李氏家庭农场
9	辽宁省本溪县凤驰玉米种植家庭农场	34	广西壮族自治区忻城县三晨养殖家庭农场
10	吉林省永吉县九月丰家庭农场	35	广西壮族自治区容县明月家庭农场
11	黑龙江省大庆市大同区佰谷泰生态家庭农场	36	海南省万宁市和睦种养家庭农场
12	上海市浦东新区乔占家庭农场	37	重庆市江津区铁祠堂家庭农场
13	江苏省如皋市金旺家庭农场	38	重庆市万盛经开区雷峰垭生态农业家庭农场
14	江苏省常熟市吉礼葡萄家庭农场	39	四川省广汉市小农夫家庭农场
15	江苏省南京市杨长根家庭农场	40	四川省自贡市必祥种养殖家庭农场
16	江苏省泰州市光普家庭农场	41	贵州省沿河县盛鸿畜禽家庭农场
17	浙江省绍兴市宏芳家庭农场	42	云南省祥云县黑泥绿丰种植家庭农场
18	浙江省庆元县鱼富家庭农场	43	西藏自治区班戈县巴拉家庭农场
19	安徽省天长市张建昌家庭农场	44	陕西省西安市长安区瓜大姐家庭农场
20	安徽省岳西县玉玲珑家庭农场	45	陕西省汉中市南郑区灯盏窝家庭农场
21	福建省建宁县万鑫家庭农场	46	甘肃省金塔县华恒兴农家庭农场
22	福建省上杭县聚胜家庭农场	47	青海省共和县龙羊峡文明蔬菜水果种植家庭农场
23	江西省庐山市必玉家庭农场	48	宁夏回族自治区吴忠市红寺堡区鹏翔养殖家庭农场
24	山东省青岛市黄岛区厳上米田家庭农场	49	宁夏回族自治区平罗县博涛家庭农场
25	山东省淄博市泉盛家庭农场	50	新疆维吾尔自治区阿克苏市疆南林果种植家庭农场

表1.4 第3批全国家庭农场典型案例名单

序号	名称	序号	名称
1	山西省临猗县郭秀爱家庭农场	25	北京市房山区老田农业家庭农场
2	辽宁省台安县凤娟家庭农场	26	内蒙古自治区通辽市扎鲁特旗忠英家庭牧场
3	黑龙江省绥化市绥棱县志鑫家庭农场	27	黑龙江省讷河市丽丽家庭农场
4	江苏省南通市海安俞万家庭农场	28	上海市陈登峰家庭农场
5	山东省高密市大牟家镇刘莉家庭农场	29	江苏省镇江市丹徒区江河汇家庭农场
6	河南省浚县易丰家庭农场	30	浙江省长兴宋莎家庭农场
7	湖南省临澧县艺龙家庭农场	31	安徽省马鞍山市和县景田种植家庭农场
8	广东省台山市广海镇添丰家庭农场	32	安徽省寿县安丰塘镇凤宇种植家庭农场
9	广西壮族自治区象州县寺村镇祖强种植家庭农场	33	山东省济南市长清区安亮家庭农场
10	四川省广汉市好耕夫家庭农场	34	河南省许昌市襄城县阿旺家庭农场
11	宁夏回族自治区石嘴山市平罗县维宝家庭农场	35	广西壮族自治区柳州市融安县唱歌坪莫氏家庭农场
12	北京市怀柔区聚园兴家庭农场	36	重庆市梁平区徐园椿家庭农场
13	天津市北辰区幸福威尼家庭农场	37	四川省遂宁市安居区绍兵家庭农场
14	河北省玉田县大安镇佳华家庭农场	38	甘肃省定西市安定区绿源种植家庭农场
15	山西省襄汾县牧兴种养家庭农场	39	新疆维吾尔自治区阿克苏市光明畜牧家庭农场
16	内蒙古自治区纳林柴达木生态家庭牧场	40	北京市密云区净田社家庭农场
17	吉林省集安市花甸镇王德利家庭农场	41	天津市宁河区柴火妞谷物种植家庭农场
18	福建省福清市依扬家庭农场	42	河北省承德富硒家庭农场
19	湖南省宁乡市肖胜蓝家庭农场	43	吉林省榆树市老董家生态家庭农场
20	贵州省普安县黄万金烤烟种植家庭农场	44	江西省赣州市龙南县甜蜜谷养蜂场家庭农场
21	青海省共和县恰卜恰鑫海蔬菜种植家庭农场	45	湖北省钟祥市叶玉生家庭农场
22	云南省安宁丁家才种养家庭农场	46	陕西省西安市长安区一花一草家庭农场
23	宁夏回族自治区银川市兴庆区多肉植物家庭农场	47	大连市瓦房店市田权家庭农场
24	青岛市莱西市怡禾家庭农场		

表 1.5 第 4 批全国家庭农场典型案例名单

序号	名称	序号	名称
1	山西省临猗县征腾家庭农场	24	上海市生飞家庭农场
2	黑龙江省密山市承紫河乡喜丰收家庭农场	25	浙江省江山市佳源家庭农场
3	浙江省嘉兴市南湖区余新镇志明家庭农场	26	广东省台山市斗山镇绿稻农场
4	安徽省含山县陶厂镇幸福家庭农场	27	广西壮族自治区田东浩胜家庭农场
5	福建省永安市小陶金山家庭农场	28	重庆市合川区七棵树水果种植家庭农场
6	重庆市忠县仕钦家庭农场	29	新疆生产建设兵团第一师阿拉尔市疆小侠果品种植家庭农场
7	陕西省榆林市榆阳区耀国家庭农场	30	北京市大兴区庞各庄镇小蜂哥家庭农场
8	宁夏回族自治区海原县宏梅家庭农场	31	河北省邢台红满天家庭农场
9	安徽省萧县尚俊家庭农场	32	内蒙古自治区奈曼旗固日班花苏木巴日嘎斯台嘎查张全宝家庭牧场
10	山东省高密市万亩良田家庭农场	33	辽宁省沈阳市宏锦龙家庭农场
11	河南省遂平县槐树乡富平家庭农场	34	吉林省东辽县凌云乡华宇家庭农场
12	四川省遂宁市安居区奉光荣种植家庭农场	35	江苏省句容市下蜀镇东来家庭农场
13	新疆维吾尔自治区轮台县明德家庭农场	36	江苏省灌云县马亮果蔬种植家庭农场
14	天津市北辰区德虎家庭农场	37	江西省寻乌县柿外桃源家庭农场
15	天津昽森家庭农场	38	山东省广饶县张守凤家庭农场
16	河北省望都县润泽家庭农场	39	河南省温县九五外婆珍果园家庭农场
17	山西省晋中市太谷区蔬有道农业家庭农场	40	湖北省竹溪县群鑫生态林牧家庭农场
18	吉林省长春市九台区九郊微雨众惠种植业家庭农场	41	湖北省仙桃市心怡家庭农场
19	江苏省南京市浦口区尹广红家庭农场	42	湖南省长沙市望城区贤乡耕生态家庭农场
20	广东省乳源瑶族自治县桂花香家庭农场	43	贵州省水城县蟠龙镇百车河庭银家庭农场
21	云南省永平县厂街乡杨柳树村明兴枇杷种植家庭农场	44	厦门市翔安区町町家庭农场
22	青海省西宁市湟源申中旭云家庭农场	45	四川省家庭农场发展创业联盟
23	山东省青岛市平度南村家丰裕家庭农场	46	陕西省镇安县秦绿苑家庭农场

本书以2019年以来内蒙古入选全国家庭农场典型案例名单为例进行简要介绍，包括内蒙古兴安盟科尔沁右翼中旗白海林家庭农牧场、内蒙古自治区锡林郭勒盟镶黄旗托亚家庭牧场、内蒙古自治区鄂尔多斯市鄂托克旗斯庆家庭牧场、内蒙古自治区通辽市扎鲁特旗忠英家庭牧场、内蒙古自治区通辽市扎鲁特旗忠英家庭牧场、内蒙古自治区奈曼旗固日班花苏木巴日嘎斯台嘎查张全宝家庭牧场。

（一）内蒙古兴安盟科尔沁右翼中旗白海林家庭农牧场

白海林家庭农牧场，位于内蒙古自治区兴安盟科尔沁右翼中旗，成立于2016年，是一家具有蒙古族特色的家庭农牧场，主要从事玉米生产和牛羊牲畜饲养。目前，白海林家庭农牧场共经营耕地430亩；存栏改良肉牛120头，羊170只。该牧场秉承"以养定种、循环经营、节本增效"理念，采取"玉米种植—牛羊饲养—粪肥还田"的循环经营模式，实现了经营效益和生态效益双提升。

（二）内蒙古自治区锡林郭勒盟镶黄旗托亚家庭牧场

托亚家庭牧场，位于内蒙古自治区锡林郭勒盟镶黄旗，成立于2015年。目前，该牧场拥有500平方米标准化暖棚、600平方米凉棚和150平方米饲喂圈，选用先进的隔栏饲喂设备，这样羊在饲喂、给水过程中就不会抢食。该牧场兼顾生态效益和经济效益，坚持以草定畜，发展适度规模经营，通过科学繁育、严格选育、标准化饲养，大力发展察哈尔羊养殖，探索出一条"精养、少养、绿色、高效"的生态型可持续草原畜牧业发展之路。

（三）内蒙古自治区鄂尔多斯市鄂托克旗斯庆家庭牧场

斯庆家庭牧场，位于内蒙古自治区鄂尔多斯市鄂托克旗，成立于2018年，在自家1 800亩草场的基础上再转租1 700亩草场开展阿尔巴斯绒山羊养殖，是种养结合、生态绿色现代化家庭牧场典型。该牧场利用养殖中产生的粪便、有机物肥田，种植优质牧草，形成了种养结合良性循环，同时带动周边牧户由传统的经营模式向现代化经营模式转变。

（四）内蒙古自治区通辽市扎鲁特旗忠英家庭牧场

忠英家庭牧场，位于内蒙古自治区通辽市扎鲁特旗，共有草场

4 000亩，其中流转租赁草场1 100亩。该牧场以养殖经营澳洲白、杜泊、蒙韩串子绒山羊为主，形成了"科学养殖、规模适度、绿色发展、示范带动"的现代化家庭经营模式。该牧场推行"饲草秸秆—养羊—粪还田"绿色循环经营，实现经济效益与生态效益双丰收。

（五）内蒙古自治区奈曼旗固日班花苏木巴日嘎斯台嘎查张全宝家庭牧场

张全宝家庭牧场，位于内蒙古自治区奈曼旗，创塔林西幕品牌，争做奶制品领头羊。该牧场通过养殖奶牛，加工奶产品，门店促销售，走出了一条"产加销"一体强实力、"传帮带"助力促发展的新路子。该牧场开发奶豆腐、奶皮、奶酪、嚼克、奶糖等多种产品，实现了"养产销"一体化，同时带动附近农户的奶制品产业发展。

第二章 家庭农牧场政策性农业保险研究

一、引言

政策性农业保险是世界公认的一种农业生产支持政策，在美国、德国、新西兰、日本等国家广泛推广，近年来，受到中国政府的高度重视，成为助力农业农村绿色高质量发展的重要工具（易福金等，2022）。政策性农业保险在分散农业生产经营风险中发挥了重要作用，有利于保障农牧业生产的稳定性。2004年，中央一号文件首次提出要加快建立政策性农业保险制度，随后开展第一批全国农业保险试点。自此，2015—2022年的政策性农业保险一直是中央一号文件关注的话题。2019年，财政部、农业农村部、中国银行保险监督管理委员会、国家林业和草原局联合印发了《关于加快农业保险高质量发展的指导意见》。到2030年，农业保险持续提质增效、转型升级，总体发展基本达到国际先进水平，实现了"补贴有效率、产业有保障、农民得实惠、机构可持续"的多赢格局。2022年的中央一号文件强调，积极发展农业保险和再保险，优化完善"保险+期货"模式，为政策性农业保险研究提出了时代新课题和研究新任务。

中国政策性农业保险开始于2007年，起步较晚但发展迅速，尤其是党的十八大以来在精准扶贫和乡村振兴战略下，取得快速发展和显著成效（段白鸽等，2021；尤晓静等，2022）。经过长期实践探索，已形成上海"安信模式"、吉林"安华模式"、黑龙江"互助制模式"和浙江"共保体模式"等多种政策性农业保险模式（王璐，2019）。在先进典型示范引领和带动下，海南、内蒙古、新疆、云南、陕西、宁夏、西藏等省（区）通过学习借鉴，推动了区域政策性农业保险的发展。

在中国，政策性农业保险一方面具有保障国家粮食安全和重要农畜产品的作用，另一方面存在规模化农牧场差异化产品供给不足，小农户需求不足等供求非均衡的显著特征。总的来看，我国的政策性农业保险已逐步从单一的粮食安全保障阶段过渡到支持农业现代化转型的高质量发展阶段。政策性农业保险保障水平不断提升，有力促进了农业农村产业现代化水平，有效化解了农业自然风险和市场风险，为农牧业绿色高质量发展提供了坚实支撑。

二、数据来源与研究方法

（一）数据来源

数据来源于中国知网（CNKI）数据库，围绕政策性农业保险主线，检索篇名"政策性农业保险"，检索范围为中文文献，为进一步保障研究文献质量，选取核心期刊、中文社会科学引文索引（CSSCI）期刊和中国科学引文数据库（CSCD）期刊论文为对象。经过预检索，最早的核心期刊论文出现于1995年。检索开始年限设定为1995年，检索截止年限设定为2022年，除去日本、意大利等国外研究论文，以及新闻类、动态类相关性论文，剩余268篇。

（二）研究方法

采用的研究方法为文献计量学，运用软件 CiteSpace 文献计量分析软件，利用 CiteSpace 软件中共词、聚类和突现词等功能对草原政策进行可视化分析，可视化分析草原政策的热点及前沿，涉及文献计量模型如下。

1. 共词分析

共词分析是对导入草原政策文献数据进行热点分析，采用余弦指数进行表示，余弦指数计算公式为：

$$\text{Cosine} = \frac{H_{ij}}{\sqrt{G_i G_j}} \tag{2.1}$$

式中，Cosine 为余弦指数；H_{ij} 为关键词 i、j 在导入文献数据库中的共现频次；G_i、G_j 分别为关键词 i、j 在导出文献数据库中的出现频次。

2. 中心性

中心性表示某一关键词在导入文献数据库的重要性，中心性计算公式为：

$$Z_i = \frac{1}{M}\sum_{j=1}^{m} F_{ij} - \frac{1}{N}\sum_{g=1}^{n} F_g \quad (i = 1, 2, \cdots, k) \qquad (2.2)$$

式中，Z_i 为第 i 个关键词的中心度；$\frac{1}{M}\sum_{j=1}^{m} F_{ij}$ 为第 i 个聚类中 M 个关键词的共现频次；$\frac{1}{N}\sum_{g=1}^{n} F_g$ 为 N 个关键词的共现频次。

3. 突现度

突现度是指关键词达到阈值的平均共现时长的离差。突现度计算公式为：

$$TD_i = \frac{1}{M}\sum_{j=1}^{m} Y_{ij} - \frac{1}{N}\sum_{g=1}^{n} Y_g \quad (i = 1, 2, \cdots, k) \qquad (2.3)$$

式中，TD_i 为聚类 i 的突现度；$\frac{1}{M}\sum_{j=1}^{m} Y_{ij}$ 为第 i 个聚类 M 个关键词的年平均共现数；$\frac{1}{N}\sum_{g=1}^{n} Y_g$ 为 N 个关键词的年平均共现数。

三、研究现状统计分析

（一）发文量

1995—2022 年中国政策性农业保险研究的发文量统计结果见图 2.1。

由图 2.1 可知，1995—2022 年中国政策性农业保险研究的发文量整体呈现先升高后下降趋势，1995—2006 年中国政策性农业保险研究的热度不高，发文量年均低于 10 篇。从 2007 年开始发文量逐年升高，到 2009 年达到 38 篇。2011 年以后逐渐下降，2018—2022 年保持基本不变。

（二）高被引频次文献

1995—2022 年，中国政策性农业保险研究高被引频次文献的被引频次为 95~285 次。其中，张跃华等撰写的《准公共品、外部性与农业保险的性质——对农业保险政策性补贴理论的探讨》被引频次最高，达 285 次；其次是邢鹂等撰写的《政策性农业保险保费补贴对政府财政支出和农民收入的模拟分析》，为 202 次。而大多数高被引频次文献的发表年份在 2004 年以后。1995—2022 年中国政策性农业保险研究高被引频次文献统计结果见表 2.1。

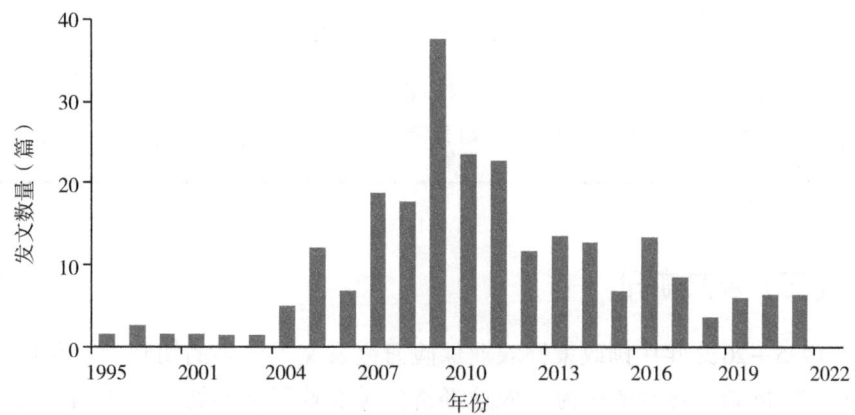

图 2.1　1995—2022 年中国政策性农业保险研究的发文量

表 2.1　1995—2022 年中国政策性农业保险研究高被引频次文献（排名前 10）

序号	题名	作者	刊名	发表年份（年）	被引频次（次）
1	准公共品、外部性与农业保险的性质——对农业保险政策性补贴理论的探讨	张跃华，顾海英	中国软科学	2004	285
2	政策性农业保险保费补贴对政府财政支出和农民收入的模拟分析	邢鹂，黄昆	农业技术经济	2007	202
3	补贴、福利与政策性农业保险——基于福利经济学的一个深入探讨	张跃华，施红	浙江大学学报（人文社会科学版）	2007	157
4	市场失灵、政策性农业保险与本土化模式——基于浙江、上海、苏州农业保险试点的比较研究	张跃华，何文炯，施红	农业经济问题	2007	148
5	政策性农业保险的精准扶贫效应与扶贫机制设计	张伟，黄颖，易沛，李长春	保险研究	2017	147
6	影响小规模农户参加政策性农业保险的因素分析——基于浙江省 613 户小规模农户的调查数据	王敏俊	中国农村经济	2009	144
7	试论政策性农业保险的财政税收政策	庹国柱，朱俊生	经济与管理研究	2007	104

(续表)

序号	题名	作者	刊名	发表年份（年）	被引频次（次）
8	政策性农业保险体系构建的基本思路与模式选择	杜彦坤	农业经济问题	2006	104
9	论发展中国政策性农业保险的策略	王和，皮立波	保险研究	2004	99
10	政策性农业保险的商业化运作——以上海农业保险为例	顾海英，张跃华	中国农村经济	2005	95

（三）发文期刊

1995—2022 年中国政策性农业保险研究发文量最多的期刊为《保险研究》，为 44 篇，然后依次为《农业经济》《农业经济问题》《中国农村经济》《中国财政》和《金融理论与实践》，分别为 15 篇、12 篇、9 篇、9 篇和 7 篇，以上期刊均进入《中文核心期刊要目总览》（2020 年版）。1995—2022 年中国政策性农业保险研究的发文期刊统计结果见表 2.2。

表 2.2　1995—2022 年中国政策性农业保险研究的发文期刊（排名前 10 位）

序号	刊名	数量（篇）
1	保险研究	44
2	农业经济	15
3	农业经济问题	12
4	中国农村经济	9
5	中国财政	9
6	金融理论与实践	7
7	安徽农业科学	7
8	中国金融	6
9	金融与经济	5
10	调研世界	3

（四）发文作者

1995—2022 年中国政策性农业保险研究发文作者间合作较为密切。发文量最多的作者是张伟，为 8 篇；其次是黄颖和庹国柱，均为 6 篇；再次是张祖荣、黄正军、张跃华和施红，均为 5 篇。1995—2022 年中国政策性农业保险研究发文作者统计结果见图 2.2 和表 2.3。

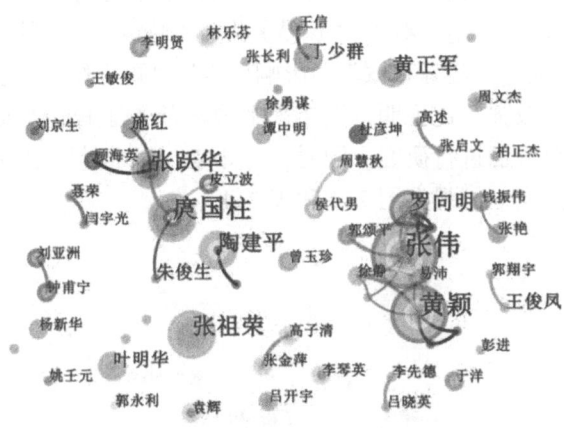

图 2.2　1995—2022 年中国政策性农业保险研究发文作者知识图谱

表 2.3　1995—2022 年中国政策性农业保险研究发文作者（排名前 7）

序号	作者	数量（篇）
1	张伟	8
2	黄颖	6
3	庹国柱	6
4	张祖荣	5
5	黄正军	5
6	张跃华	5
7	施红	5

四、研究热点与趋势可视化分析

（一）关键词共现分析

通过聚类分析等多元统计方法，将关系较为密切的关键词聚集在一起，形成相对独立的簇，其能够解释一段时期某个领域研究主题热点与趋势的变化；高频关键词能够反映一段时期某个领域研究的热点主题；而关键词中介中心性则是将关键词作为媒介中心，衡量该关键词与其他关键词的关系密切程度，数值越大，表示关系越密切。因此，本研究采用 CiteSpace 软件对 1995—2022 年中国政策性农业保险研究进行了关键词共现分析，并对高频关键词及其中介中心性进行了研究。中国政策性农业保险研究排名前 10 的高频次关键词包括"农业保险""保费补贴""政策性""财政补贴""巨灾风险""农业风险""经营模式""影响因素""再保险""农业"，各关键词之间共现关系较强。这说明，近年来中国学者多是围绕政策性农业保险的制度和模式两个方面进行研究。同时，近年来，财政补贴也成为了政策性农业保险研究的热点。结果见图 2.3 和表 2.4。

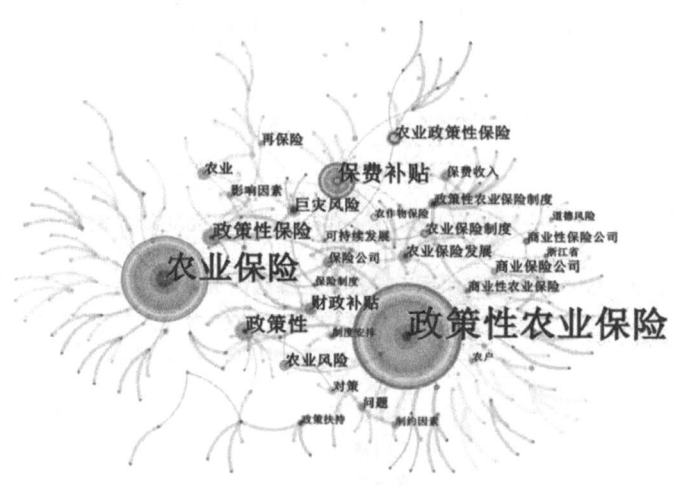

图 2.3　1995—2022 年中国农业政策性研究关键词共现图谱

表 2.4　1995—2022 年中国政策性农业保险研究高频关键词（前 10）

序号	频次（次数）	中介中心性	关键词
1	83	0.73	农业保险
2	19	0.22	保费补贴
3	14	0.17	政策性
4	9	0.07	财政补贴
5	7	0.13	巨灾风险
6	6	0.10	农业风险
7	5	0.04	经营模式
8	5	0.04	影响因素

(续表)

序号	频次（次数）	中介中心性	关键词
9	5	0.03	再保险
10	4	0.03	农业

（二）关键词突现分析

关键词突现性表示某个关键词或主题词在一段时期某个领域内的兴衰情况，能够反映一段时期的研究热点，可用突现强度表示。1995—2022 年中国政策性农业保险研究的突现词如图 2.4 所示。

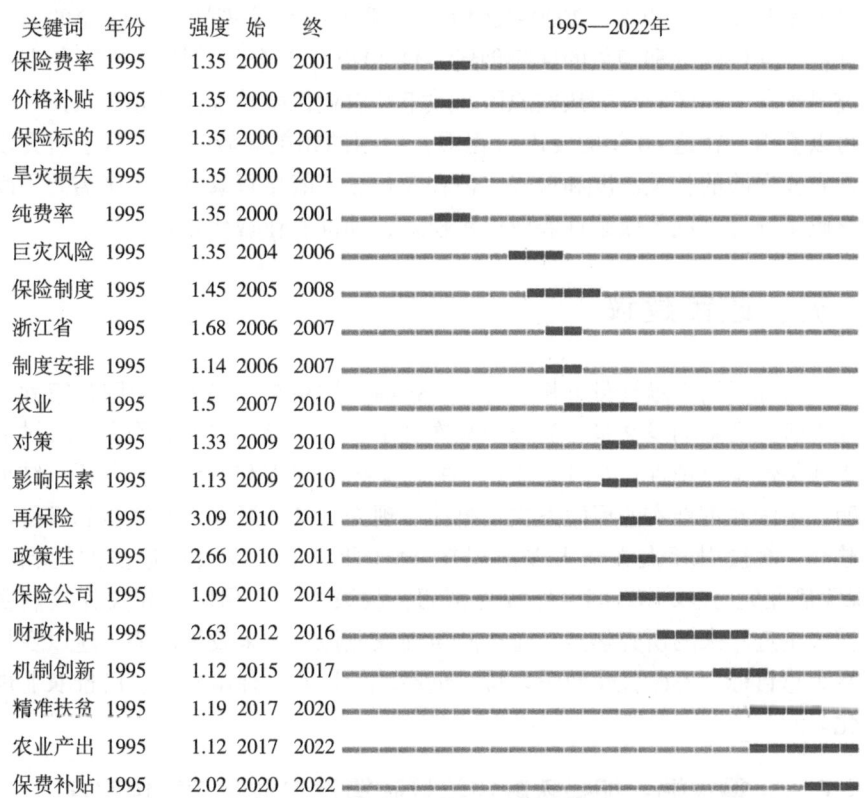

图 2.4　1995—2022 年中国政策性农业保险研究的突现词（前 20）

由图 2.4 可知，1995—2022 年中国政策性农业保险研究高强度突现词不断出现，2000—2001 年主要突现词是"保险费率""价格补贴""保险标的"和"旱灾损失"。2004—2006 年主要突现词是"巨灾风险"，2006—2008 年主要突现词是"保险制度"和"制度安排"。2007—2010 年主要突现词是"农业""对策""影响因素"。2010—2016 年主要突现词是"再保险""保险公司""财政补贴"。2016—2022 年主要突现词是"机制创新""精准扶贫""农业产出"和"保险补贴"。突现强度最高的是"再保险"，为 3.09，然后依次是"政策性""财政补贴""保费补贴"，突现强度分别为 2.66、2.63、2.02。

自 1982 年中国开始新一轮农业保险试验以来，2000—2008 年中国政策性农业保险研究主要集中在农业保险制度的探讨和发展的相关思考问题。从 2009 年之后，中国政策性农业保险研究主要集中在建立相关试点进行实践保险制度和模式的探索。2009—2019 年，重点探究政策性农业保险的风险性评估、立法问题和相关的保险创新。自 2020 年至今，尤其是 2021 年着重研究对于贫困地区农户的致贫原因与政策性农业保险精准扶贫相关联系。综上可以看出，在这 40 年的发展过程中，中国的相关学者一直侧重于研究政策性农业保险的相关制度和模式，但在乡村振兴战略背景下，未来需要不断优化政策环境，创新政策性农业保险模式，助推农业现代化。

五、政策建议

本研究运用文献计量分析软件 CiteSpace 对 1995—2022 年中国政策性农业保险研究文献的发文量、高被引频次文献、发文期刊、发文作者、关键词聚类和关键词突现性进行计量统计，并对其研究热点和趋势进行分析，结果表明，中国政策性农业保险发文量整体呈现先升高、后下降并逐步趋于稳定的趋势；高被引频次文献大多出现在 2004 年以后；发文量最多的期刊为《保险研究》；发文作者间合作较为密切；政策性农业保险的相关保险制度和模式是近年来的研究热点。总结政策性农业保险未来发展趋势，应以乡村振兴为总目标，不断优化政策环境，创新政策性农业保险模式、助推农业现代化。

（一）需求端：加强家庭农牧场政策性农业保险宣传教育

目前，我国农村牧区人均农业保险费支出较低，个别地方全额政府补贴，说明地方政府对政策性农业保险宣传教育不到位，造成对政府的过度依赖，真正的农牧业生产经营者对农业保险的需求不足。因此，通过微信、微博、抖音、快手等新媒体和报纸、广播、电台等传统媒体多手段宣传政策性农业保险，形成良好的社会氛围，提高农牧民的参保意识和索赔意识，促进政策性农业保险高效发展。

（二）供给端：利用数字技术赋能政策性农业保险创新

随着数字技术不断取得应用突破，全球加速进入数字化新时代，数据已成为重要生产要素，为政策性农业保险带来重要机遇。在未来，利用数字技术赋能政策性农业保险创新产品供给和应用场景，因地制宜提供差异化保险服务，利用大数据精准推送政策性农业保险信息。

（三）环境端：完善政策性农业保险评估反馈机制

财政专项资金是政策性农业保险保费的重要组成部分。专项资金绩效评估反馈机制不仅可以健全和强化财政部门对政策性农业保险的管理功能，而且还可以通过绩效评估反馈的结果改进不足，提升效率。因此，应逐步完善政策性农业保险评估反馈机制，建立客观可行的绩效评价体系和灵活快速反馈平台，并针对现实问题及时完善提高。

第三章　家庭农牧场草原承包经营权分置研究

一、引言

党的十八大以来，中央着力推进土地制度改革。所有权、承包权、经营权"三权分置"是在确权承包工作的基础上，将承包经营权分为承包权和经营权，实行所有权、承包权、经营权分置并行，旨在稳定承包权，放活经营权。"三权分置"实现集体、承包农牧户、新型经营主体对权利的共享，有利于促进分工分业，让流出经营权的承包农牧户增加财产收入，让新型农牧业经营主体实现规模收益，是充满智慧的制度安排、内涵丰富的理论创新。

（一）草原承包经营权

1. 草原承包经营权定义

草原承包经营权，是指承包权人对国家所有草原或集体所有草原，依照承包合同而享有使用和收益的权利。设立草原承包经营权的方式只有一种，是以家庭为单位，通过与集体经济组织或者村民委员会等草原所有权人或使用权人订立草原承包经营权合同而设立。《中华人民共和国土地承包法》第二十三条规定："承包合同自成立之日起生效。承包方自承包合同生效时取得土地承包经营权。"《中华人民共和国民法典》第三百三十三条第一款规定："土地承包经营权自土地承包经营权合同生效时设立。"

2. 草原承包经营权变更形式

转让：是指承包方有稳定的非农牧职业或者有稳定的收入来源，由承包方和受让方申请，经发包方同意，将部分或者全部承包经营的草原及其相应的权利义务让渡给同一集体经济组织成员，原承包方在承包期内的草原承包经营权部分或全部灭失。由受让方与发包方重新确立承包关系，签订草原承包经营合同，并到草原承包经营权证发证机关办理权属变更或终止手续，更换或注销证书。

互换：是指承包方之间为方便放牧或者各自需要，对属于同一集体经济组织内的承包草原进行互换，同时交换相应的草原承包经营权。

（二）草原经营权

1. 草原经营权定义

草原经营权，是指草原承包经营权中分离出的一项权能，就是承包农牧户将其承包草原流转出去，由其他组织或者个人经营，其他组织或者个人取得草原经营权。《中华人民共和国民法典》第三百三十九条规定："土地承包经营权人可以自主决定依法采取出租、入股或者其他方式向他人流转土地经营权。"

2. 草原经营权流转形式

转包：是指承包方将部分或者全部草原经营权以一定期限转包给同一集体经济组织内其他牧户或个人从事畜牧业生产经营。转包后原草原承包关系不变，原承包方继续履行原草原承包合同规定的权利和义务。受让方按转包时约定的条件对转包方负责。

出租：是指承包方将部分或全部草原经营权以一定期限租赁给他人从事畜牧业生产经营。出租后原草原承包关系不变，原承包方继续履行原草原承包合同规定的权利和义务。受让方按出租时约定的条件对承包方负责。

入股：是指承包方将部分或者全部土地经营权作价出资，成为公司、合作经济组织等股东或者成员，并用于草业生产经营，承包方承包权不变。

二、草原承包经营权分置的重要性

（一）草原承包经营权分置事关土地制度改革

通过草原承包经营权分置，赋予经营主体更有保障的草原经营权，是完善农村牧区基本经营制度的关键。草原经营权人对流转草原依法享有在一定期限内占有、使用并取得相应收益的权利。在依法保护国家或集体所有权和农牧户承包权的前提下，要依法维护经营主体从事农牧业生产所需的各项权利，使草资源得到更有效合理的利用。经营主体有权使用流转草原自主从事农牧业生产经营并获得相应收益，经承包农牧户同意，可依法依规改良土壤、提升地力、修复草原、增强产草能力等，建设农牧业生产、附属、配套设施，并依照流转合同约定获得合理补偿；有权在流转合同到期后按照同等条件优先续租承包草原。承包农牧户流转出草原经营权的，不应妨碍经营主体行使合法权利。通过规范草原经营权流转行为，引导草原经营权流向种草能手、养殖大户以及家庭农牧场、农牧民合作社等新型经营主体。内蒙古自治区鄂尔多斯、锡林浩特等地，结合地区二三产业发展的不同阶段和劳动力转移水平，采用股份合作、草原托管、联户合作等经营方式，探索更多放活草原经营权的有效途径。

（二）草原承包经营权分置事关草原资源优化

在农村牧区实行草原承包 30~50 年不变的基础上，进行草原经营权有偿流转，可合理地重新配置草原资源，科学管理、充分利用、达到发展生态畜牧业的目的。有效解决草原面积大、少牲畜或无畜户造成草场资源浪费和养殖大户、多畜户、养殖合作社以及规模化养殖公司造成的有畜无草影响畜牧业规模化生产的矛盾。实行草原承包经营权分置，在保护承包权的基础上，赋予新型经营主体更多的草原经营权，有利于促进草原经营权在更大范围内优化配置，从而提高效率，开辟现代化道路新路径。

（三）草原承包经营权分置事关适度规模养殖

2022 年，中共中央办公厅、国务院办公厅印发《关于引导农村土地经营权有序流转发展农业适度规模经营的意见》指出，伴随我国工业化、信息化、城镇化和农业现代化进程，农村劳动力大量转移，农业物质技术装备水平不断提高，农户承包土地的经营权流转明显加快，发展适度规模经营已成为必然趋势。结合实践调研，部分地区存在脱离实际、片面追求超大规模经营的倾向。实践证明，草原经营权流转和适度规模养殖是发展现代畜牧业的必由之路，有利于保障大食物安全和主要畜产品供给，促进共同富裕。草原经营权合理有序流转，将会在很大程度上促进养殖大户、合作社以及公司的发展，部分地区正在从传统畜牧业走向现代畜牧业的发展道路上，告别小而散的传统模式，大步向集约化、规模化、产业化的现代畜牧业迈进，实现从传统畜牧业向现代畜牧业的转型升级。

(四) 草原承包经营权分置事关生态产业发展

在国内经济大循环的新格局下,生态产业迎来了前所未有的发展机遇,同时也吸引了更多资源进入这一领域。以生态牧场为例,青海省祁连县野牛沟乡大浪生态畜牧业专业合作社,流转4万多亩草地,投资9 000万元建设祁连山生态牧场,年接待游客12万人次,旅游收入364万元。非洲有句谚语:"贫瘠的土地上产生贫穷的人群;贫穷的人群在制造贫瘠的土地。"长期以来,草原承包经营制度和各项生态保护政策的实施未能改变草原生态总体恶化的状况,其根本原因是农村牧区社会保障体系不健全,农牧民过度依赖草原。草原"三权分置"制度强调稳定草原承包权,放活草原经营权。农牧民在流转草原经营权后可以继续享有草场收益保障、生态补偿保障以及牧区其他社会保障,可以放心地离开所承包的草场,寻找生态产业发展机会,缓解过度依赖草原的状况。

(五) 草原承包经营权分置事关乡村产业振兴

改革开放以来,城市的建设和发展越来越好,与城市同步发展的城镇化进程也同步推进,这在一定程度上冲击了乡村的发展。由于农村牧区青壮年劳动力的大量流失,农牧区产业出现大而不强、土地条块分割经营等问题,阻碍了乡村产业振兴。当前,在草原地区存在如下问题:一是愿牧者人数下降,由于草原的产出不能带来令人满意的收益,很多人都不愿意继续从事草原畜牧业;二是想牧者无充裕草原,由于大多数草原经营权依然掌握在牧民个人手中,想牧者也没有足够的能力流转草原发展规模化经营;三是产业化程度低,畜产品往往集中在畜牧业初级阶段,处于产业链低端,以乌拉特中旗、锡林浩特市为例,牲畜交易以活畜为主。鉴于此,要加快草原经营权流转,促进草原高效使用,使现代化经营成为现实,只有如此,乡村产业才能发展,乡村才能留住人,才能实现振兴。相反,如果继续按照传统草原畜牧业经营方式,采取简单的粗放式经营,乡村振兴工作难以有效开展,进而影响整个地区经济和社会发展。因此,加快草原经营权流转是乡村振兴的关键。

三、草原承包经营权分置可行性分析

（一）草原确权颁证奠定草原承包经营权分置基础

草原确权颁证，让草场界限不清、承包经营权证的面积与草场实际面积不符等问题得到有效解决。在改革进程中，草原确权颁证奠定草原经营权流转基础，为新一轮牧区改革注入了强大动力。以内蒙古自治区为例，早在2014年率先颁发全国草原确权第一证，这为全面掌握草原确权承包工作提供了相关基础数据。草原确权工作对于保护农牧民草原承包经营权益，促进草原流转，减少草原权属纠纷，建立繁荣稳定的新牧区具有深远而又重大的意义。

（二）地方探索实践积累草原承包经营权分置经验

在内蒙古自治区锡林郭勒盟，早在2007年，根据中央精神和当前牧区的实际，开展草场经营权流转。为加强草牧场流转，锡林郭勒盟出台《关于完善农村牧区土地草原所有权承包权经营权分置办法的实施意见》《草原承包经营权流转管理暂行办法》，对流转原则、流转方式、流转合同、流转程序、监督管理分别进行规范。东乌珠穆沁旗巴音图嘎嘎查牧民嘎·扎木苏在自家原有的8 260亩草场的基础上，通过草场流转，以每亩1.5元的价格租赁了24 000多亩草场，使草场总面积达到32 000多亩，不仅实现了春夏秋冬四季划区轮牧，还有了3 000多亩的打草场，实现了畜牧业集约化发展和适度规模经营。

（三）服务平台建设支持草原承包经营权分置管理

在内蒙古自治区鄂托克前旗，建立服务场所固定、人员配备专业、办公设备齐全、合同文体规范、服务功能完备和各项制度健全的全区首家土地草牧场流转服务平台，促使土地草牧场经营权流转步入制度化、规范化、科学化的轨道，为实现草牧场规模经营和抵押贷款奠定基础。一是加强政策指导。印发《鄂托克前旗草牧场承包经营权确权登记换证工作实施方案》《鄂托克前旗开展农村牧区草牧场三权分置工作方案（试行）》等指导性文件。二是强化平台建设。根据实际工作要求，建设了数据处理室、草牧场监测室、草牧场流转服务大厅、档案管理室、草牧场生态补奖审核室和牧草分析试验室6个办公场所，为草牧场流转平台建设奠定基础，进一步提升草牧场生态建设服务水平。三是强化档案管理。按照"一户一盒、一村一柜"的形式存档，采取设置一套专柜存放纸质、照片类档案；固定一台电脑查阅电子信息类档案，并作备份处理；提高草牧场档案管理标准化、规范化、科学化管理水平。四是规范流转程序。根据各级党委政府土地流转管理办法，在全面调研及全方位征求意见的基础上，制定了由转让方申请、数字中心信息审核、征求嘎查村民代表意见、镇人民政府签署审查意见、转让方缴纳共有人养老保险、旗行政主管部门签署审查意见、旗分管领导签署审批意见、草牧场行政管理部门出具流转草牧场经营权证书的四部分八个步骤的流转程序，有效地保护农牧民利益。五是强化氛围营造，促进草牧场有序流转。为进一步营造草牧场流转推进规模经营的氛围，鄂前旗利用微信公众平台、网络、集贸市场和农牧民培训等有效途径，加大对各级党委政府关于土地草牧场规模经营的政策宣传，有效促进农村牧区草牧场流转，激活农村牧区可利用资源，提高现有资源的使用率。同时制定出台了《鄂托克前旗土地草牧场流转管理办法》《鄂托克前旗关于推进土地草牧场规模化经营的实施方案》，鼓励农牧民向龙头企业、家庭农场、专业大户和农牧民专业合作组织合法有序流转。

（四）产权改革制度指导草原承包经营权分置方式

党的十八大以来，中央出台了一系列相关制度措施稳定承包权，放活经营权。2014年中办、国办印发《关于引导农村土地经营权有序流转发展农业适度规模经营的意见》；2015年农业部、中央农办、国土资源部、国家工商总局印发《关于加强对工商资本租赁农地监管和风险防范的意见》；2018年第十三届全国人民代表大会常务委员会第七次会议表决通过新修改的《中华人民共和国农村土地承包法》。这些政策法律确立了草原"三权分置"框架，规范了草原经营权流转，赋予了草原经营权融资担保等权能，并要求建立工商企业等社会资本流转草原经营权准入监管制度，具体办法由国务院农业农村主管部门规定。2019年以来，农业农村部组织有关方面对其进行修订，并广泛征求了社会各界的意见，根据各方反馈意见进一步完善后，2021年，农业农村部发布《农村土地经营权流转管理办法》。该办法主要体现在落实"三权分置"制度，采用了新名称。按照集体所有权、农户承包权、土地经营权"三权分置"并行要求，土地经营权流转，将规章名称修改为《农村土地经营权流转管理办法》，在依法保护集体所有权和农户承包权的前提下，主要就平等保护经营主体依流转合同取得的土地经营权，增加了一些具体规定，有助于进一步放活土地经营权，使土地资源得到更有效合理的利用。

（五）合同制度文件可减少草原承包经营权分置纠纷

当前，草原承包经营权转让或互换合同、草原经营权流转合同中存在以下问题。一是合同要件不完备，口头协议较多见。实践中，部分农牧民觉得签合同麻烦，或者不知道该怎么制作并签订合同，往往采用口头约定，一旦发生纠纷，由于无法提供相应的有效证明，调处困难大，有些合理诉求也难以得到满足。二是合同内容简单，权益难以保障。实践中，有些农牧民虽然签订了合同，但合同内容过于简单，没有写明双方的权利义务，发生纠纷时，合同起不到保护合同双方尤其是农牧民合法权益的作用。三是权利义务不清，草原破坏追责难。实践中，大多数的合同没有草原保护条款，未明确保护草原的义务，不利于草原保护，草原生态环境受到破坏后追究责任依据不明确。为减少草原承包经营权分置纠纷，国家应加快合同制度文件的制定。

在草原承包经营权转让、互换方面，为了规范农村土地承包合同的管理，维护承包合同当事人的合法权益，根据《中华人民共和国民法典》《中华人民共和国农村土地承包法》等法律及有关规定，2022年6年，农业农村部公布《农村土地承包合同管理办法（征求意见稿）》。该办法的实施，同样适用于草原承包经营权，上述文件中，关于转让提出，经承包方申请和发包方同意，承包方可以将部分或者全部土地承包经营权转让给本集体经济组织的其他农户。承包方转让土地承包经营权的，应当以书面形式向发包方提交申请，发包方依法作出决定；关于互换提出，为了方便耕种或者各自需要，承包方之间可以互换属于同一集体经济组织的不同承包地块的土地承包经营权。土地承包经营权互换的，应当签订书面合同，并向发包方备案。在草原经营权流转方面，为保护广大承包农牧民各类新型农业经营主体的合法权益提供了更有力的制度保障，配合《农村土地经营权流转管理办法》的实施，2021年农业农村部与国家市场监督管理总局研究制定了《农村土地经营权出租合同（示范文本）》和《农村土地经营权入股合同（示范文本）》，把规定条款具体化为合同条文，目的是进一步明确流转双方的权利、义务和责任，规范土地经营权流转行为，促进土地经营权有序流转。草原经营权流转需要建设规章制度，强化法治观念与规则意识，依法签订合同来规范流转双方彼此的权利和义务。

规范合同文本,是减少合同纠纷隐患、维护农牧民合法草原权益的重要举措。结合《中华人民共和国农村土地承包法》和《农村土地经营权流转管理办法》等法律法规的宣传贯彻,提高当事人法律意识,推动其依法依规参与。提倡和引导使用合同示范文本,并指导做好合同备案等工作。强化指导,积极提供政策咨询、价格评估等服务,要充分发挥农村产权交易市场在市场交易、鉴证管理等环节的功能,正确指导和规范合同签约履约行为,在源头上消除和解决当前合同在签订、履行中存在的问题,预防和降低纠纷的发生,有效推动交易。在合同纠纷方面,积极完善草原承包经营纠纷调解仲裁体系,发挥其化解合同矛盾纠纷的重要渠道作用,解决基层纠纷。

四、草原承包经营权分置相关条款汇编

(一) 承包经营权相关法条汇编

承包经营权是以家庭为单位,通过与集体经济组织或者村民委员会等土地所有权人订立土地承包经营权合同而设立。在实际中,因承包方需要,在同一集体经济组织内部存在转让、互换行为。在法律数据库北大法宝中全文精确检索"承包经营权",在找到的相关法律中,在结果中进一步全文搜集"转让"或"互换",对检索到的相关法律整理分析,见表 3.1。通过表 3.1 可以看出,包括草原在内的土地承包经营权转让、互换,在法律上做出了明确规定。综上分析,规范承包经营权转让、互换相关条款,为承包经营权变更、终止提供法律支持,助力家庭农牧场发展。

表 3.1 自然资源经营权相关法律规定

序号	法律	条款
1	《中华人民共和国农村土地承包法》(2018修正)	第三十三条 承包方之间为方便耕种或者各自需要,可以对属于同一集体经济组织的土地的土地承包经营权进行互换,并向发包方备案。 第三十四条 经发包方同意,承包方可以将全部或者部分的土地承包经营权转让给本集体经济组织的其他农户,由该农户同发包方确立新的承包关系,原承包方与发包方在该土地上的承包关系即行终止。 第三十五条 土地承包经营权互换、转让的,当事人可以向登记机构申请登记。未经登记,不得对抗善意第三人

(续表)

序号	法律	条款
2	《中华人民共和国农村土地承包经营纠纷调解仲裁法》	第二条　农村土地承包经营纠纷调解和仲裁，适用本法。 农村土地承包经营纠纷包括： （一）因订立、履行、变更、解除和终止农村土地承包合同发生的纠纷； （二）因农村土地承包经营权转包、出租、互换、转让、入股等流转发生的纠纷； （三）因收回、调整承包地发生的纠纷； （四）因确认农村土地承包经营权发生的纠纷； （五）因侵害农村土地承包经营权发生的纠纷； （六）法律、法规规定的其他农村土地承包纠纷。 因征收集体所有的土地及其补偿发生的纠纷，不属于农村土地承包仲裁委员会的受理范围，可以通过行政复议或者诉讼等方式解决
3	《中华人民共和国民法典》	第三百三十四条　土地承包经营权人依照法律规定，有权将土地承包经营权互换、转让。未经依法批准，不得将承包地用于非农建设。 第三百三十五条　土地承包经营权互换、转让的，当事人可以向登记机构申请登记；未经登记，不得对抗善意第三人

（二）经营权流转相关法条汇编

经营权具有物权性质，是指承包人对承包财产享有的占有、使用、收益的权利，具有流转性。在法律数据库北大法宝中全文精确检索"经营权"，在找到相关法律中，在结果中进一步全文搜集"流转""入股"或"出租"，对检索到的相关法律整理分析，如表3.2所示。综上分析，在自然资源领域通过法律规定经营权流转，为经营权流转提供法律保障。

表3.2　自然资源不得占用的相关法律规定

序号	法律	条款
1	《中华人民共和国民法典》	第三十六条　承包方可以自主决定依法采取出租（转包）、入股或者其他方式向他人流转土地经营权，并向发包方备案。 第三百三十九条　土地承包经营权人可以自主决定依法采取出租、入股或者其他方式向他人流转土地经营权。 第三百四十一条　流转期限为五年以上的土地经营权，自流转合同生效时设立

(续表)

序号	法律	条款
2	《中华人民共和国农村土地承包法》(2018修正)	承包方承包土地后,享有土地承包经营权,可以自己经营,也可以保留土地承包权,流转其承包地的土地经营权,由他人经营。 第三十八条 土地经营权流转应当遵循以下原则: (一)依法、自愿、有偿,任何组织和个人不得强迫或者阻碍土地经营权流转; (二)不得改变土地所有权的性质和土地的农业用途,不得破坏农业综合生产能力和农业生态环境; (三)流转期限不得超过承包期的剩余期限; (四)受让方须有农业经营能力或者资质; (五)在同等条件下,本集体经济组织成员享有优先权
3	《中华人民共和国森林法》(2019修订)	集体所有和国家所有依法由农民集体使用的林地(以下简称集体林地)实行承包经营的,承包方享有林地承包经营权和承包林地上的林木所有权,合同另有约定的从其约定。承包方可以依法采取出租(转包)、入股、转让等方式流转林地经营权、林木所有权和使用权。 第十八条 未实行承包经营的集体林地以及林地上的林木,由农村集体经济组织统一经营。经本集体经济组织成员的村民会议三分之二以上成员或者三分之二以上村民代表同意并公示,可以通过招标、拍卖、公开协商等方式依法流转林地经营权、林木所有权和使用权。 第十九条 集体林地经营权流转应当签订书面合同。林地经营权流转合同一般包括流转双方的权利义务、流转期限、流转价款及支付方式、流转期限届满林地上的林木和固定生产设施的处置、违约责任等内容

五、草原承包经营权分置完善建议

改革开放以来,产权制度改革极大地调动了广大农牧民的生产积极性,有效解决了温饱问题。当前,农村牧区劳动力大量转移,草地流转形式存在多样性。同时,基层在草原承包经营权转让、经营权流转管理过程中也遇到一些现实问题,亟须对相关条款进行完善。

(一)新增草原经营权

国家城镇化背景下,在现代草原畜牧业发展过程中,包括草原在内的农村土地承包权、经营权分离现象得到中央高度重视。习近平总书记指出,把农民土地承包经营权分为承包权和经营权,实现承包权和经营权分置并行,这是我国农村改革的又一次重大创新。近年来,随着大量农村牧区劳动力转移和人口迁移，草原承包牧民不断分化，家家从事畜牧业的局面发生变化，催生了专业大户、家庭牧场、牧业专业合作社、畜牧业企业等各类新型经营主体，形成了国家或集体拥有所有权、农牧户享有承包权、新型主体行使经营权的新格局，实现了"集体所有、农牧户承包经营"的双层经营逐步向"集体所有、农牧户承包、多元经营"转变。因此，新增草原经营权流转，是落实中央要求，顺应发展适度规模经营的时代要求，为中国特色牧区现代化开辟新路径提供制度保障。

（二）规范草原承包经营权转让

草原承包经营权是成员权，在集体经济组织内封闭运行，保障集体经济成员的合法权益。农牧户享有土地承包经营权是农村基本经营制度的基础。严格保护草原承包权，就是要稳定现有草原承包关系并保持长久不变。草原承包权人对承包草原依法享有占有、使用和收益的权利。一是规范草原承包经营权转让，承包方将草原承包经营权转让给本集体经济组织的其他农（牧）户，必须经发包方同意。二是简化草原承包经营权互换，同一集体经济组织的承包方进行草原承包经营权互换的，须向发包方备案。

（三）规范草原经营权流转

草原经营权是用益物权，具有开放性、社会性。通过"三权分置"改革，草原经营权不仅可以流转给同一集体经济组织内成员，还可以流转给集体经济组织外具有一定经营实力的新型农业经营主体，实现了草原资源在更大范围内优化配置。一是流转形式包括出租（转包）、入股等多种方式；二是明确流转对象用途为草业生产；三是需要向发包方备案；四是应当签订书面流转合同；五是流转期限不得超过承包期的剩余期限。

第四章 内蒙古家庭农牧场高质量发展路径研究

一、引言

2022年3月6日，习近平总书记在全国两会期间提出，要树立大食物观，从更好满足人民美好生活需要出发，掌握人民群众食物结构变化趋势，在确保粮食供给的同时，保障肉类、蔬菜、水果、水产品等各类食物有效供给，缺了哪样也不行。随着居民收入水平的提高，食物消费结构发生巨大变化，粮食消费需求趋于稳定，肉、蛋、奶消费需求增长显著。长期以来，内蒙古对保障国家粮食安全和重要农副产品供应发挥了重要作用，以2020年为例，全区粮食产量达到732.8亿斤[①]，比上年增长0.3%，连续3年保持在700亿斤以上；猪牛羊禽四肉产量达260.7万吨，全年增长1.5%；牛奶产量611.5万吨，增长5.9%。2022年3月30日，内蒙古自治区主席王莉霞主持召开推进肉牛肉羊产业高质量发展专题会议强调，内蒙古作为国家重要农畜产品生产基地，作为国家"粮仓""奶罐""肉库"，一定要牢记习近平总书记重要嘱托，站在拥护"两个确立"、做到"两个维护"的高度，站在保障国家粮食安全这个"国之大者"的高度，牢固树立践行"大食物观"，突出高质量发展导向，坚持集中集约集聚，采取务实有效举措，坚决扛起建设国家重要农畜产品生产基地重大政治责任。内蒙古建设国家重要的农畜产品生产基地是习近平总书记和党中央赋予内蒙古的战略定位之一，是践行"大食物观"的具体体现。"十四五"时期，内蒙古推动农畜产品生产基地发展，是保障大食物安全，融入新发展格局的客观要求，也是推动农畜产品高质量发展的必然选择。

[①] 1斤为0.5千克，全书同。

迄今为止，学者对内蒙古建设农畜产品生产基地的相关研究文献相对较少，张祝祥等分析了内蒙古建设国家农畜产品生产基地面临的农田生产环境恶化、耕地质量较差、水资源缺乏、全产业链发展水平低、新型农牧业经营主体不强等问题，并提出推动内蒙古农畜产品生产基地优质高效转型的思路和建议；宝鲁对"十三五"时期，内蒙古建设国家重要农畜产品生产基地发展情况进行了分析，并提出内蒙古"十四五"要抢抓机遇、妥善应对挑战；冀强等提出数字农牧业在生产、交换、消费等环节可以降低成本，提高效率；祁婧从种业角度，分析内蒙古种业发展的机遇、瓶颈，并提出发展思路；冯玉臻、费东斌、季秀敏分别对通辽、乌兰察布和巴彦淖尔农畜产品生产基地发展进行了研究。上述文献均为定性分析，定量研究较为少见。农畜产品生产基地发展绩效评价需要严谨且适宜的方法，关键在于如何合理地赋予各项指标权重，因子分析在指标评价分析时可通过统计数据本身的方差贡献率作为评价权重，其权重是客观的，影响农畜产品生产基地发展绩效的指标较多，因子分析还可以起到降维的作用。聚类分析是基于研究对象的特征，对其分门别类，自动进行分类。基于此，本研究采用因子分析和聚类分析方法对2020年内蒙古12个盟（市）农畜产品生产基地发展绩效进行评价，践行大食物观，推动国家重要农畜产品生产基地建设。

二、数据来源与研究方法

（一）数据来源

统计数据来源于2021年《内蒙古统计年鉴》，包括呼和浩特市、包头市、呼伦贝尔市、兴安盟、通辽市、赤峰市、锡林郭勒盟、乌兰察布市、鄂尔多斯市、巴彦淖尔市、乌海市、阿拉善盟农畜产品生产基地统计数据。具体包括以农作物总播种面积、有效灌溉面积、农牧业机械总动力、化肥施用折存量、农村用电量、粮食产量、油料产量、肉类产量、禽蛋产量、奶类产量为绩效评价指标的相关数据。

（二）研究方法

农畜产品生产基地发展绩效评价属于多变量的评价，在实际研究中，多指标（变量）问题是经常遇到的，而且在多数情况下，不同指标之间具有一定的相关性，这势必增加问题分析的复杂性，因子分析法和聚类分析法可以非常好地解决多元统计问题。

1. 因子分析法

因子分析法是从研究指标相关矩阵内部的依赖关系出发，把一些信息重叠、具有错综复杂关系的变量归结为少数几个不相关的公共因子的一种多元统计分析方法。基本思想是：根据相关性大小把变量分组，使得同组内变量之间的相关性较高，但不同组的变量不相关或相关性较低，每组变量代表一个公共因子，是一种降维的方法。本研究的分析中包括11个变量（指标），运用因子分析法将这11个指标中包括的绝大部分信息用少数几个公因子代替，然后以方差贡献率的比重为权数对几个公因子进行加权求和得出总得分。

2. 聚类分析法

聚类分析是对样品以某种相似性为度量标准进行分类。通过聚类分析将不同样本的农畜产品生产基地发展绩效水平分为几类，找出每一类的共同特点。本研究首先运用因子分析，找出能反映众多指标的几个公因子，然后对公因子和总得分进行聚类分析，将内蒙古12个盟（市）分为几类，以利于更好地研究和制定相应的对策与政策。本研究使用SPSS 26.0软件进行统计分析。

因子分析法和聚类分析法，具体步骤如图4.1所示。

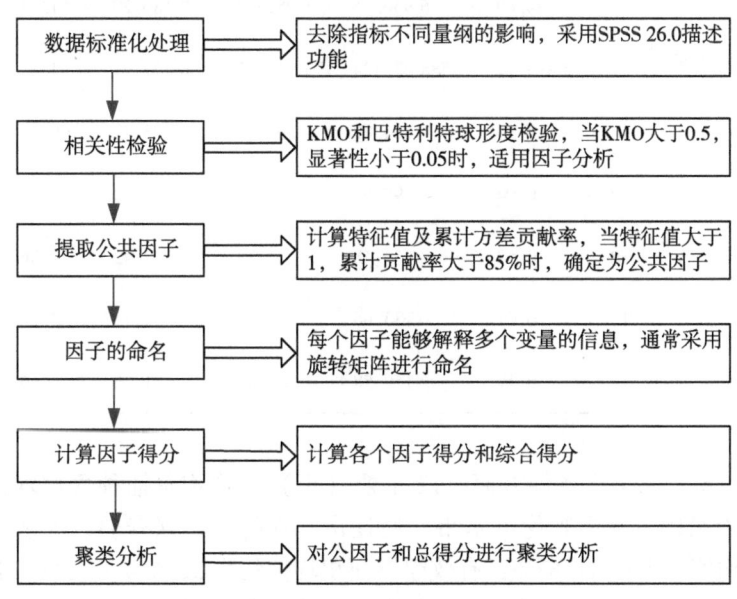

图4.1 因子分析法和聚类分析法步骤

三、结果分析

（一）内蒙古农畜产品生产基地发展绩效指标描述分析

以内蒙古12个盟（市）为样本，对11个农畜产品生产基地发展绩效指标进行描述分析，2020年内蒙古12个盟（市）农畜产品生产基地发展绩效指标数据描述，见表4.1。

表4.1 数据描述

描述统计	样本量	最小值	最大值	均值	标准差	偏度	峰度
农作物总播种面积（×10³公顷）	12	5.70	18 74.55	740.23	609.44	0.65	-0.80
有效灌溉面积（×10³公顷）	12	2.54	652.70	266.54	223.48	0.63	-0.51
农业机械总动力（万千瓦）	12	6.53	686.98	338.09	239.05	0.12	-1.53
农村用电量（万千瓦小时）	12	2 178.73	284 470.76	77 677.65	79 011.45	1.89	3.82
农药使用（吨）	12	24.69	6 950.76	1 952.15	2 180.29	1.54	1.59
化肥施用折纯量（吨）	12	2 899.72	588 675.24	173 078.37	166 171.91	1.43	2.64
粮食产量（万吨）	12	3.34	864.82	305.34	293.52	0.78	-0.86
油料产量（万吨）	12	0.04	95.63	18.10	25.50	2.96	9.54
肉类产量（万吨）	12	0.57	51.48	22.33	14.42	0.36	0.31
禽蛋产量（万吨）	12	0.07	33.66	5.04	9.15	3.28	11.09
奶类产量（万吨）	12	0.19	159.58	51.49	41.06	1.66	4.12

在农畜产品生产条件方面，12个盟（市）农作物总播种面积均值约为74.023万公顷，其中呼伦贝尔市、通辽市、赤峰市、兴安盟、巴彦淖尔市高于平均值，占比41.67%；有效灌溉面积均值约为26.654万公顷，其中巴彦淖尔市、通辽市、赤峰市、兴安盟、呼伦贝尔市高于平均值，占比

41.67%；农牧业机械总动力均值约为338.09万千瓦，其中通辽市、赤峰市、巴彦淖尔市、呼伦贝尔市、兴安盟高于平均值，占比41.67%；农村用电量均值约为77 677.65万千瓦小时，赤峰市、鄂尔多斯市、通辽市、巴彦淖尔市高于平均值，占比33.33%；农药使用均值约为1 952.15（吨），其中呼伦贝尔市、通辽市、兴安盟、赤峰市高于平均值，占比33.33%；化肥施用折存量均值约为173 078.37吨，其中通辽市、兴安盟、赤峰市、巴彦淖尔市、呼伦贝尔市高于平均值，占比41.67%。

在农畜产品产量方面，12个盟（市）粮食产量均值约为305.34万吨，其中通辽市、兴安盟、赤峰市、呼伦贝尔市高于平均值，占比33.33%；油料产量均值约为18.10万吨，其中巴彦淖尔市、通辽市、乌兰察布市高于平均值，占比25%；肉类产量均值约为22.33万吨，其中赤峰市、通辽市、巴彦淖尔市、兴安盟、锡林郭勒盟、呼伦贝尔市高于平均值，占比50%；禽蛋产量均值约为5.04万吨，其中赤峰市高于平均值，占比8.33%；奶类产量均值约为51.49万吨，其中呼和浩特市、巴彦淖尔市、锡林郭勒盟、包头市、呼伦贝尔市高于平均值，占比41.67%。

通过上述分析发现，内蒙古各盟（市）农畜产品生产基地发展生产条件和农畜产品产量差异巨大，尤其内蒙古东、西部地区整体差距较大。

（二）内蒙古农畜产品生产基地发展绩效综合分析

使用SPSS软件对数据处理进行评价，对指标数据进行标准化处理，将标准化处理后的数据进行相关性检验。结果表明，KMO取样适切性量数为0.501，巴特利特球形度检验的近似卡方为163.493，自由度为55，显著性为0.000。当KMO值大于0.50，显著性值小于0.05，则表明指标之间相关性较高，可应用于因子分析。通常选择特征值大于1的因子作为公共因子，选择前3个因子作为公共因子。各个因子的特征值和方差贡献率见表4.2。

根据旋转成分矩阵对公共因子进行命名，A1为粮食、基础投入因子；A2为肉、蛋、电气化因子；A3为油、奶因子。评价指标分别用J1~J11进行命名，因子得分系数矩阵得到各因子的得分函数：

$A1=0.228×J1+0.073×J2+0.119×J3+0.117×J4+0.327×J5+0.194×J6+0.236×J7-0.118×J8-0.011×J9-0.127×J10-0.06×J11$

$A2=-0.039×J1+0.007×J2+0.043×J3+0.428×J4-0.22×J5-0.063×J6-0.034×J7+0.018×J8+0.244×J9+0.457×J10-0.087×J11$

A3 = -0.12×J1+0.277×J2+0.117×J3+0.052×J4-0.187×J5+0.03×J6-0.14×J7+0.577×J8+0.091×J9-0.126×J10+0.408×J11

根据各公共因子的方差贡献率赋予公共因子权重，可计算出农畜产品生产基地发展绩效的综合得分，得分函数为：

A =（45.284×A1+25.063×A2+15.850×A3）/86.196

表4.2 因子解释的总方差

成分	初始特征值			提取载荷平方和			旋转载荷平方和		
	总计	方差（%）	累积（%）	总计	方差（%）	累积（%）	总计	方差（%）	累积（%）
1	6.532	59.381	59.381	6.532	59.381	59.381	4.981	45.284	45.284
2	1.624	14.768	74.148	1.624	14.768	74.148	2.757	25.063	70.347
3	1.325	12.048	86.196	1.325	12.048	86.196	1.743	15.85	86.196
4	0.874	7.941	94.138						
5	0.293	2.665	96.803						
6	0.204	1.856	98.659						
7	0.104	0.943	99.602						
8	0.032	0.29	99.892						
9	0.01	0.094	99.986						
10	0.001	0.011	99.996						
11	0	0.004	100						

注：因选择前3个因子作为公共因子，故列出前3个因子的特征值及方差贡献率，其余的因子省略。

因此，不同盟（市）的公共因子得分及综合得分见表4.3。

表4.3 各公共因子得分及综合得分

地区	A1（粮食、基础投入因子）		A2（肉、蛋、电气化因子）		A3（油、奶因子）		A（综合）	
	得分	排序	得分	排序	得分	排序	得分	排序
呼和浩特市	-0.576	8	-0.393	9	1.012	2	-0.231	7
包头市	-0.677	9	-0.203	6	0.015	4	-0.412	9
呼伦贝尔市	1.691	2	-0.927	12	-0.415	9	0.542	3
兴安盟	0.941	3	-0.340	8	-0.406	8	0.321	5
通辽市	1.966	1	-0.053	5	0.058	3	1.028	1

（续表）

地区	A1 （粮食、基础投入因子）		A2 （肉、蛋、电气化因子）		A3 （油、奶因子）		A （综合）	
	得分	排序	得分	排序	得分	排序	得分	排序
赤峰市	0.154	4	2.991	1	-0.495	10	0.859	2
锡林郭勒盟	-0.8	10	-0.248	7	-0.040	5	-0.500	10
乌兰察布市	-0.481	7	-0.004	4	-0.157	6	-0.283	8
鄂尔多斯市	-0.351	6	0.270	2	-0.375	7	-0.175	6
巴彦淖尔市	-0.108	5	0.109	3	2.716	1	0.475	4
乌海市	-0.908	12	-0.624	11	-1.007	12	-0.844	12
阿拉善盟	-0.85	11	-0.578	10	-0.906	11	-0.781	11

分析表4.3中各因子得分、综合得分及其排名可以得出：通辽市、呼伦贝尔市、兴安盟、赤峰市在粮食、基础投入因子方面具有明显优势；赤峰市、鄂尔多斯市、巴彦淖尔市在肉、蛋、电气化因子水平较高；巴彦淖尔市、呼和浩特市、通辽市、包头市在油、奶因子方面具有较强的优势。

评价得分排在前5的是通辽市、赤峰市、呼伦贝尔市、巴彦淖尔市、兴安盟，这些盟（市）中，每个盟（市）至少有一个因子排在该因子排名的前3，说明一个农畜产品生产基地发展绩效生产因子排序高的盟（市）在全区评价排序也高。在3个公共因子中，粮食、基础投入因子的贡献率最高，其次是肉、蛋、电气化因子，而油、奶因子方面的贡献率最低。

从总得分来看，内蒙古12个盟（市）农畜产品生产基地综合发展水平在平均值之上的有5个盟（市），通辽市、赤峰市、呼伦贝尔市、巴彦淖尔市、兴安盟，其中前4个盟（市）位于内蒙古的东部地区，1个盟（市）位于内蒙古的西部地区，西部盟（市）农畜产品生产基地发展绩效位于平均发展水平之下，其中包括鄂尔多斯市、呼和浩特市、乌兰察布市、包头市、锡林郭勒盟、阿拉善盟、乌海市都在平均发展水平之下，东部只有锡林郭勒盟在平均水平之下，内蒙古东部地区各盟（市）农畜产品生产基地发展实力较强，无论是各个指标上的表现，还是综合水平；内蒙古中西部8个地区除巴彦淖尔市，其余都在平均水平之下，像呼和浩特市、包头市、乌海市工业发展较好的地区农畜产品生产基地发展较弱。

为了更好地观察12个盟（市）农畜产品生产基地的相似与异质性，将内蒙古12个盟（市）农畜产品生产基地发展情况进行聚类分析，可以分为四大类，见表 4.4。将内蒙古 12 个盟（市）农畜产品生产基地发展情况依照 2020 年因子分析的综合得分来进行聚类分析，利用 SPSS 26.0 进行 K-均值聚类法（K-Means Cluster Analysis），将内蒙古 12 个盟（市）农畜产品生产基地发展绩效水平分为四类，结果见表 4.4。

表 4.4 聚类分析

聚类	盟（市）
第一类	呼和浩特市、巴彦淖尔市
第二类	赤峰市
第三类	呼伦贝尔市、兴安盟、通辽市，
第四类	包头市、锡林郭勒盟、乌兰察布市、鄂尔多斯市、乌海市、阿拉善盟

四、原因分析

（一）土地利用差异

根据内蒙古自治区第三次国土调查主要数据公报，对 12 个内蒙古农畜产品生产基地建设相关的耕地、草地、耕地、交通运输用地、水域及水利设施用地进行分析，如图 4.2 所示。

1. 耕地资源禀赋差异

全区耕地 1 150.36 万公顷，其中，水田占 1.38%，水浇地占 47.95%，旱地占 50.67%，可见，内蒙古大部分耕地为旱地。在降水量方面，年降水量 400mm 以上耕地占 67.01%，年降水量 350~400m 耕地占 19.09%，年降水量 200~350mm 耕地占 10.48%，年降水量 200mm 以下耕地占 3.42%，可见 32.09% 位于干旱半干旱地区。在耕地坡度方面，2°以下坡度耕地占 63.05%，2°~6°坡度耕地占 28.27%，6°~15°坡度耕地占 8.41%，15°~25°坡度耕地占 0.24%，25°以上坡度耕地占 0.03%，可见高标准农田建设还有很大潜力。在 12 个盟（市）中，通辽市、呼伦贝尔市、赤峰市和兴安盟东部 4 盟（市）耕地面积较大，占全区耕地的 66%，丰富的耕地资源，为上述地区建设农畜产品生产基地提供了良好条件。

2. 草地资源禀赋差异

全区草地 5 437.42 万公顷，其中，天然牧草地占 88.13%，人工牧草地

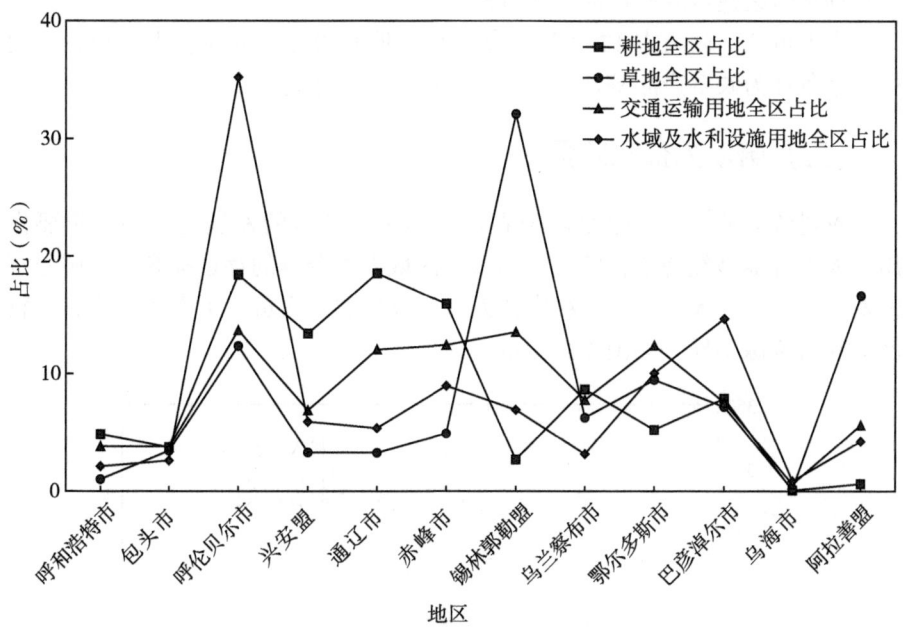

图 4.2 土地利用差异

占 0.23%，其他草地占 11.63%。草地主要分布在锡林郭勒盟、阿拉善盟、呼伦贝尔市、鄂尔多斯市、巴彦淖尔市和乌兰察布市等 6 个盟（市），占全区草地的 84%，丰富的草地资源，为草食畜牧业发展提供了资源保障。

3. 交通运输用地差异

交通运输用地 80.04 万公顷，其中，铁路用地占 8.05%，轨道交通用地占 0.02%，公路用地占 30.09%，农村道路占 61.26%；机场用地占 0.53%，管道运输用地占 0.05%。可见，对与农畜产品生产基地产品运输直接相关的农村道路进行分析，农村道路 49.03 万公顷，主要分布在兴安盟、锡林郭勒盟、呼伦贝尔市、赤峰市、通辽市和鄂尔多斯市，占全区农村道路 79.55%，农村道路条件的改善有利于农畜产品流通。

4. 水域及水利设施用地

水域及水利设施用地 106.45 万公顷，其中，河流水面占 29.01%，湖泊水面占 37.25%，水库水面占 6.68%，坑塘水面占 12.56%，沟渠占 12.82%，水工建筑用地占 1.68%。呼伦贝尔市和巴彦淖尔市两市水域面积较大，占全区水域的 50%。水资源是农牧业生产的重要资源，丰富的水资源有利于地区建设农畜产品生产基地。

由上可知,内蒙古 12 个盟(市)在土地利用方面存在较大差异,不同的土地条件为农畜产品基地建设带来不同的资源条件。

(二)劳动力资源差异

农村牧区劳动力的数量对于农畜产品生产基地的发展也起到了重要作用,人力资本是经济增长的重要因素,区域人力资本的存量提升了区域经济的发展。从乡村人口数、乡村常住人口、乡村农业人员 3 个方面分析农村牧区劳动力资源差异,如图 4.3 所示。

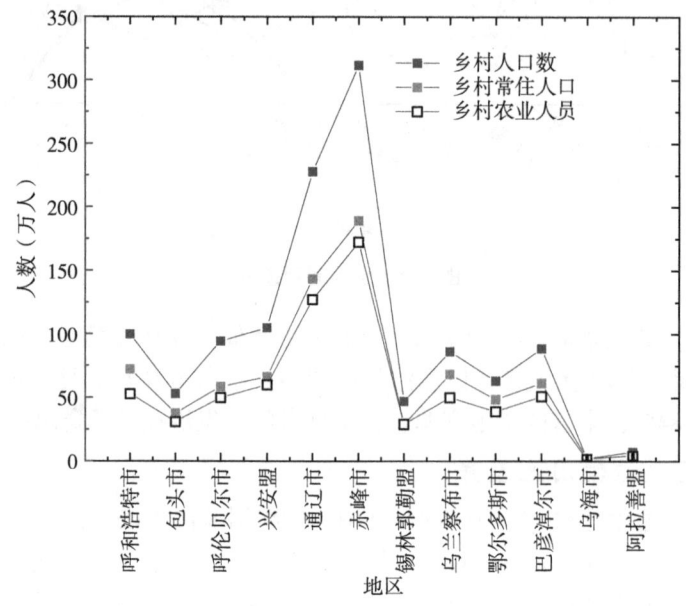

图 4.3 劳动力资源差异

1. 乡村人口数

全区共有乡村人口 1 185.85 万人,其中赤峰市、通辽市、兴安盟、呼和浩特市、呼伦贝尔市占比 70.66%。按照东西部划分,内蒙古东部 5 盟(市)占 66.21%,西部 7 盟(市)占 33.79%。

2. 乡村常住人口

全区共有乡村常住人口 781.28 万人,占乡村人口的 65.88%,其中赤峰市、通辽市、呼和浩特市、乌兰察布市、兴安盟占比68.98%。按照东西部划分，内蒙古东部5盟（市）占62.19%，西部7盟（市）占37.81%。

3. 乡村农业人员

全区共有乡村农业人员668.39万人，占乡村人口的56.36%，占乡村常住人口的85.55%，其中赤峰市、通辽市、兴安盟、呼和浩特市、巴彦淖尔市占比69.29%。按照东西部划分，内蒙古东部5盟（市）占65.57%，西部7盟（市）占34.43%。

东部无论农村牧区劳动力资源还是农林牧渔业从业人员都普遍高于西部，西部地区除乌兰察布市、巴彦淖尔市外其他盟（市）普遍较低，这也是12个盟（市）农畜产品生产基地发展程度相差较大的原因。

（三）产业结构差异

从产业结构发展来看，第一产业、第二产业和第三产业地区差异明显，如图4.4所示。以第一产业总值为例，12个盟（市）第一产业生产总值占总生产总值的比例按以下顺序递减，兴安盟为34.5%、巴彦淖尔市为25.3%、呼伦贝尔市为24.8%、通辽市为23.9%、赤峰市为19.6%、乌兰察布市为16.7%、锡林郭勒盟为16.1%、阿拉善盟为5.8%、呼和浩特市为4.5%、包头市和鄂尔多斯市为3.8%、乌海市为1.1%。

在农林牧渔生产总值中，可以发现农业和牧业占比非常高，如图4.5所示。在农业生产总值方面，12个盟（市）农业生产总值占农林牧渔生产总值的比例按以下顺序递减，兴安盟为59.6%、通辽市为58.9%、鄂尔多斯市为57.5%、巴彦淖尔市为55.4%、赤峰市为54%、阿拉善盟为53.9%、呼伦贝尔市为48.9%、乌兰察布市为42.4%、乌海市为41.1%、包头市为35.5%、呼和浩特市为33.8%、锡林郭勒盟为14.8%。在牧业生产总值方面，12个盟（市）牧业生产总值占农林牧渔生产生产总值的比例按以下顺序递减，锡林郭勒盟为82.8%、呼和浩特市为62.5%、包头市为62%、乌海市为53.2%、乌兰察布市为51.8%、呼伦贝尔市为42%、赤峰市为41.1%、巴彦淖尔市为40.3%、阿拉善盟为39.4%、通辽市为37.3%、鄂尔多斯市为36.8%、兴安盟为36.7%。

由上可知，兴安盟、通辽市、鄂尔多斯市和巴彦淖尔市以农产品生产为主型；乌兰察布市、呼伦贝尔市、赤峰市、阿拉善盟为农畜产品生产均衡型；锡林郭勒盟、呼和浩特市、包头市、乌海市以畜产品生产为主型。

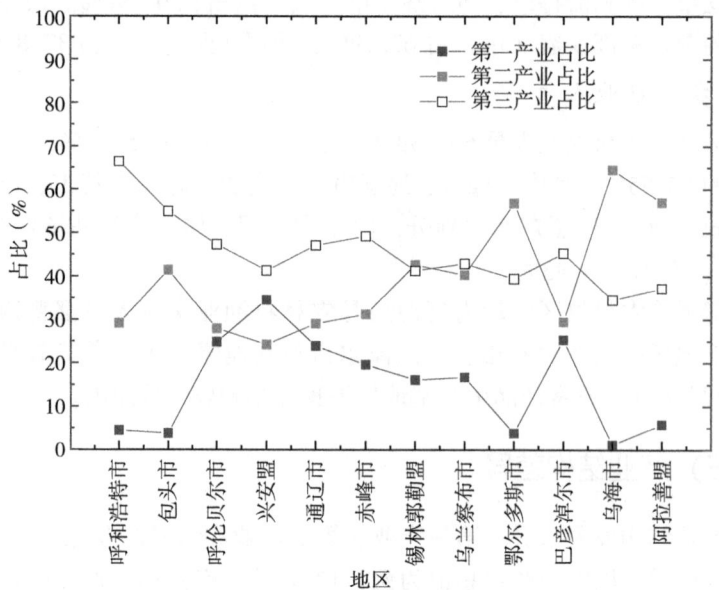

图 4.4 产业结构差异

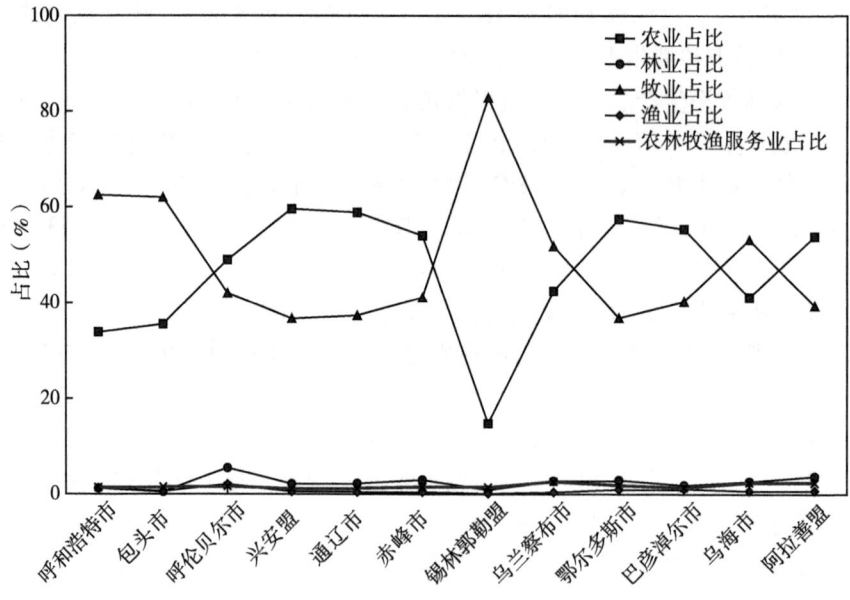

图 4.5 农牧产业差异

五、政策建议

对内蒙古农畜产品生产基地发展绩效进行评价是一个较为复杂的问题，农畜产品生产基地发展影响因素较多，比如国家及地方关于农畜产品生产基地的政策、盟（市）的土地利用、劳动力资源、产业结构等。本研究选择内蒙古东、中、西部总共12个盟（市）为研究对象，依据2021年《内蒙古统计年鉴》关于各盟（市）发展数据选择农作物总播种面积、有效灌溉面积、农牧业机械总动力、化肥施用折存量、农村用电量、粮食产量、油料产量、肉类产量、禽蛋产量、奶类产量等指标作为绩效评价测量变量，因为这11个指标全部涉及了内蒙古各盟（市）农畜产品生产基地发展的结果变量。如果分别对这11个指标作出评价之后再对各盟（市）农畜产品生产基地发展做出评价，再做出比较，使得问题的研究较为复杂，而主成分分析法可以通过提取主成分减少研究变量的个数，又不失信息，同时简化了研究。因此，本研究中采用因子分析法和聚类分析法进行相关研究。

（一）培育家庭农牧场践行大食物观

建设培育家庭农牧场国家重要农畜产品生产基地，以习近平同志为核心的党中央为内蒙古量身定制的战略定位和行动纲领，是践行大食物观的具体体现。保障大食物安全，是维护国家安全和社会稳定的"压舱石"。当前，世界各国增加食物储备的倾向抬头，国际食物消费市场不确定性增加，同时造成国内农畜产品生产和价格的波动。内蒙古区位特征、经济结构、资源禀赋的特殊性，决定了自身在国家安全稳定大局中具有重要地位。建设高质量的农畜产品生产基地是内蒙古深入贯彻总体国家安全观、切实保障国家粮食安全的重大政治责任。

（二）特色家庭农牧场助力农畜产品生产基地发展

内蒙古12个盟（市）农畜产品生产基地发展不平衡，其中发展较好的是内蒙古的东部盟（市），包括通辽市、赤峰市，发展较差的是西部盟（市），包括乌海市、阿拉善盟。其中工业化较好的呼和浩特市、包头市、鄂尔多斯市、乌兰察布市农畜产品生产基地发展排名相对靠后，主要原因是土地利用、农村劳动力资源、产业发展重点等存在差异，在城镇化建设的过程中，大力发展第二和第三产业发展的同时，利用地区优势推动农畜产品生产基地建设也是十分必要的。因此，在国家加大发展家庭农牧场背景下，各地需要因地制宜发展特色家庭农牧场，助力农畜产品生产基地发展。

第五章　家庭农牧场高质量发展优化建议

一、着力破解家庭农牧场建设用地难问题

我国对家庭农牧场建设用地实行分类管理。一是传统放牧、散养等方式饲养的家庭农牧场，养殖用地无需办理用地手续。二是舍饲圈养的家庭农牧场，所涉及的用地按设施农业用地相关政策办理手续。其中，利用荒山荒坡、滩涂等未利用地和低效闲置土地发展设施养殖的，养殖设施用地采用备案制，无需办理农用地审批，不纳入计划管理。利用耕地从事养殖的，按照《关于严格耕地用途管制有关问题的通知》等相关文件要求，应经县级批准并落实耕地"进出平衡"。三是家庭农牧场中的其他用地需根据具体情况处理，2021年农业农村部联合自然资源部、国家发展改革委印发了《关于保障和规范农村一二三产业融合发展用地的通知》，对家庭农牧场其他用地的规划管控、计划指标安排、用地审查报批等具体支持措施进行了明确，家庭农牧场在建设发展过程中可参照实施。但实践过程中，家庭农牧场相关配套设施用地很难获批，涉及林草、自然资源等多个部门，亟须完善农村三产融合发展用地实施细则，为乡村振兴提供土地要素保障。

二、加大金融支持家庭农牧场扶持力度

2002年以来，我国实施创业担保贷款贴息政策，对符合条件的高校毕业生、返乡创业农民工等群体，以及吸纳上述群体就业的小微企业提供担保贴息贷款，支持包括奶牛家庭农牧场在内的重点群体创业。2021年共拨付创业担保贷款贴息、奖补资金63亿元，比2020年增加66%。同时，积极拓宽家庭农牧场金融抵押范围和融资渠道，鼓励金融机构开展活体畜禽、圈舍、养殖设施等抵押质押贷款业务，破解抵押物不足问题。未来需要加强财

政金融政策协同，引导金融机构加强产品和服务创新，继续做好农业经营主体金融服务，更好地帮助家庭农牧场等经营主体解决融资难问题。

三、财政支持家庭农牧场基础设施建设

近年来，农业农村部积极支持家庭农牧场基础设施建设。2021年，继续实施中小牧场升级改造项目，支持1 255家奶牛家庭农牧场和奶农合作社升级改造。2022年，启动实施奶业生产能力提升整县推进项目，计划在"十四五"期间每年安排10亿元中央财政资金，支持奶业大县包括家庭农牧场在内的适度规模养殖场发展草畜配套、现代智慧牛场建设，促进奶业三产融合，涵盖饲草料生产、奶牛养殖、原料奶运输等多环节的设施设备改造提升。未来需要不断完善支持政策，多渠道提升家庭农牧场设施装备水平，提高奶业生产效率和奶农自我发展能力。

四、科技支持家庭农牧场高质量发展

近年来，包括农业科技创新、培训和服务在内的科技支持在家庭农牧场发展过程中发挥重要作用。一是组织实施高素质农民培育计划，面向种养大户、农民合作社带头人等重点群体开展全产业链培训。二是实施"百万高素质农民学历提升行动计划"，面向新型农业经营主体、农业技术人员等开展学历职业教育，提升高素质农民学历。三是实施农技推广特聘计划，从新型农业经营主体、种养能手中招募特聘农技员、动物防疫员，进一步壮大农业技术推广服务体系队伍。未来需要继续加大高素质农民培训力度；推动科研院所、行业协会、龙头企业完善成果转化与服务体系，综合提升家庭农牧场生产经营能力。

五、强化农业抗灾减灾和卫生防疫体系建设

强化农业抗灾减灾和卫生防疫体系建设。一是加强农业产业防灾减灾体系建设。不断加大气象防灾减灾体系建设和防冻防雹等基础设施建设力度，扩大政策性农业保险覆盖面，建设全空域、全时段气象监测体系和农业产业防灾减灾体系，力争把农业气象灾害损失降到最低。构建政府主导、部门联动、社会参与的气象防灾减灾体系基本形成。构建融媒体、新媒体、到村预

警系统等多渠道广覆盖的气象灾害预警信息发布网络。二是强化动物疫病免疫。2021年印发《国家动物疫病强制免疫指导意见（2022—2025年）》，指导地方制定本辖区强制免疫计划，对重大动物疫病和重点人畜共患病进行强制免疫。三是加强动物疫病监测预警。建立由国家、省、市、县四级平台组成的动物疫病监测体系，分病种、畜种开展监测，及时评估疫情发生风险和态势。印发《关于做好动物疫情报告等有关工作的通知》，规范动物疫情快报、月报和年报制度。三是加快修订新版《中华人民共和国动物防疫法》的相关配套规章、规范性文件。《病死畜禽和病害畜禽产品无害化处理管理办法》已于2022年7月1日起施行，《动物检疫管理办法》《动物防疫条件审查办法》等配套规章的修订草案已公开征求意见。未来需要配套规章的宣传贯彻，增强生产经营主体依法科学抗灾减灾和防疫的责任意识，指导各地落实抗灾减灾和免疫计划，为家庭农牧场发展筑牢安全屏障。

参考文献

敖仁其,2004. 制度变迁与游牧文明［M］. 呼和浩特:内蒙古人民出版社.

宝鲁,2021. 内蒙古建设国家重要农畜产品生产基地的形势与举措［J］. 北方经济（4）:7-9.

曹佩,2022. 加快家庭农场发展的财税政策供给研究［J］. 农业经济（6）:114-115.

曹燕子,2019. 河南省家庭农场正规金融信贷效果研究［D］. 杨凌:西北农林科技大学.

陈鸣,刘增金,2018. 金融支持对家庭农场经营绩效的影响研究［J］. 资源开发与市场,34（6）:819-824.

陈培彬,张精,曾芳芳,等,2019. 基于聚类分析的福建省生态农业功能区划研究［J］. 世界农业（10）:111-117.

陈培磊,郭沛,2020. 金融支持家庭农场发展的现实障碍、国际经验及实现路径［J］. 亚太经济（4）:128-134.

陈盛伟,2010. 中国政策性农业保险的运行情况与发展对策［J］. 农业经济问题,31（3）:65-70.

陈五湖,2023. 内外部风险对粮食种植类家庭农场规模影响研究［D］. 扬州:扬州大学.

达林太,郑易生,2010. 牧区与市场:牧民经济学［M］. 北京:社会科学文献出版社.

达林太,郑易生,2012. 真过牧与假过牧——内蒙古草地过牧问题分析［J］. 中国农村经济（5）:4-18.

董峻,侯雪静,2016. 继家庭联产承包责任制后农村改革又一重大创新 农业部长韩长赋解读"三权分置"［J］. 现代农业装备（6）:8-10.

杜彦坤,2006. 政策性农业保险体系构建的基本思路与模式选择［J］.

农业经济问题（1）：50-53.

段白鸽，何敏华，2021. 政策性农业保险的精准扶贫效果评估——来自中国准自然实验的证据［J］. 保险研究（11）：36-57.

鄂斌泉，1997. 论草原林业的家庭牧场经营形式［J］. 干旱地区农业研究（3）：81-86.

费东斌，2021. 乌兰察布持续发力、主动作为，积极融入新发展格局［J］. 实践（党的教育版）（1）：40-41.

冯玉臻，2021. 通辽深培厚植绿色优势 促进农畜产品生产基地优质高效转型［J］. 实践（党的教育版）（1）：37-38.

付净瑶，王忠武，李治国，等，2023. 不同经营管理策略对内蒙古家庭牧场影响的研究现状及展望［J］. 草地学报，31（7）：1911-1921.

付晓华，2020. 浅析政策性农业保险的发展之路［J］. 农村经济与科技，31（7）：273-274.

盖志毅，2008. 制度视域下的草原生态环境保护［M］. 沈阳：辽宁民族出版社.

龚广祥，2020. 家庭农场新技术采用行为及绩效评估：理论与实证［D］. 武汉：武汉大学.

郭厦，王丹，2022. 我国家庭农场发展质量评价与分析［J］. 华中农业大学学报（社会科学版）（3）：22-35.

哈洁，李治国，韩国栋，2021. 基于家畜生产优化管理模型的家庭牧场可持续发展研究［J］. 畜牧与饲料科学，42（1）：83-90.

韩念勇，2018. 草原的逻辑续（上）——草原生态与牧民生计调研报告［M］. 北京：民族出版社.

何郑涛，2016. 循环经济背景下养殖型家庭农场适度规模的研究［D］. 重庆：西南大学.

季秀敏，2020. 刍议巴彦淖尔市农牧区绿色、高质量发展［J］. 新西部（9）：40.

冀强，赵伊杨，2022. 以数字经济推动内蒙古农畜产品生产基地高质量发展研究［J］. 北方经济（2）：62-65.

孔令成，2017. 基于综合效益视角的家庭农场土地适度规模研究［D］. 杨凌：西北农林科技大学.

兰勇，翁婕，蒋黾，2022. 基于熵权TOPSIS法的家庭农场经营环境综合评价［J］. 中南林业科技大学学报，42（9）：187-198.

雷安琪，杨国涛，武嘉旭，2022. 我国家庭农场发展的政策支持研究——基于促进我国家庭农场发展的政策法规文本特征分析［J］. 价格理论与实践（12）：169-173.

冷成英，2021. 都市郊区和一般农业区的家庭农场发展路径比较研究［D］. 武汉：武汉大学.

李博，1984. 草原及其利用与改造［M］. 北京：农业出版社.

李才旺，柏正强，1998. 建立高产优质打贮草基地夯实家庭牧场稳定发展基础［J］. 四川草原（4）：26-28.

李江文，王静，李治国，等，2016. 内蒙古草甸草原家庭牧场模型模拟研究［J］. 生态环境学报，25（7）：1146-1153.

李世英，萧运峯，1965. 内蒙古呼盟莫达木吉地区羊草草原放牧演替阶段的初步划分［J］. 植物生态学报，10（2）：200-217.

李棠，2023. 农业保险对家庭农场生产行为的影响及收入效应研究［D］. 泰安：山东农业大学.

李文军，张倩，2009. 解读草原困境——对于干旱半干旱草原利用和管理若干问题的认识［M］. 北京：经济科学出版社.

李向林，2018. 草原管理的生态学理论与概念模式进展［J］. 中国农业科学，51（1）：191-202.

李治国，2015. 内蒙古家庭牧场资源优化配置与适应性管理模拟研究［D］. 呼和浩特：内蒙古农业大学.

李治国，马乐，韩国栋，等，2021. 基于OMMLP模型的锡林郭勒盟不同草地类型家庭牧场草畜平衡优化模拟研究［J］. 中国草地学报，43（8）：66-73.

刘畅，邓铭，马国巍，2019. 家庭农场经营风险识别与防范对策研究［J］. 苏州大学学报（哲学社会科学版），40（4）：102-110.

刘福星，贺娟，吴汉辉，等，2023. 政策性农业保险的收入效应分析——来自华中3省的微观调查［J］. 中国农业资源与区划，44（8）：202-212.

刘洪霞，刘守诚，王爱静，等，2019. 刍议中国政策性农业保险［J］. 山西农经（6）：84.

刘佳，2019. 辽宁省家庭农场发展状况、原因及对策分析［J］. 农业经济（2）：21-22.

刘起，1996. 加强家庭牧场的建设促进草地畜牧业持续发展［J］. 四川草原（4）：34-36.

刘书润，2017. 草原的思考［M］. 呼和浩特：内蒙古文化出版社.

刘雨涛，2019. 广东省休闲旅游农业资源形态聚类分析［J］. 中国农业资源与区划，40（5）：209-214.

刘志颐，张弦，2014. 国外现代畜牧业发展趋势及启示［J］. 中国饲料（20）：36-39.

吕达仁，陈佐忠，等，2005. 内蒙古半干旱草原土壤-植被-大气相互作用［M］. 北京：气象出版社.

马绵远，2022. 家庭农场适度规模发展问题研究：理论、比较与实证［D］. 武汉：武汉大学.

马越峰，李建忠，2015. 内蒙古各盟市农村牧区经济发展绩效评价研究［J］. 干旱区资源与环境，29（3）：70-74.

梅超，2022. 发达小农制国家家庭农场发展经验及启示［J］. 农业经济（4）：26-28.

内蒙古自治区统计局，2021. 内蒙古自治区统计年鉴［M］. 北京：中国统计出版社.

牛浩，陈盛伟，2022. 政策性农业保险实现"真赔"了吗——基于全国2011—2018 年的省级面板数据［J］. 农业经济问题（10）：113-122.

农业农村部，2022. 加大对奶牛家庭牧场的金融扶持力度［J］. 甘肃畜牧兽医，52（9）：74.

潘璐，2020. 从"家庭农场"到"农民合作"：恰亚诺夫的合作化思想及其对中国现代农业发展的启示［J］. 开放时代（2）：193-205.

祁婧，2021. 打赢种业翻身仗建设国家重要农畜产品生产基地——第67 期发展改革论坛综述［J］. 北方经济（7）：37-39.

钱拴，毛留喜，侯英雨，等，2007. 青藏高原载畜能力及草畜平衡状况研究［J］. 自然资源学报（3）：389-397.

乔江，2021. 家庭牧场草地家畜生产优化管理模型研制与验证［D］. 呼和浩特：内蒙古农业大学.

任继周，2012. 草业科学论纲［M］. 南京：江苏科学技术出版社.

任继周. 放牧，2012，草原生态系统存在的基本方式——兼论放牧的转型［J］. 自然资源学报，27（8）：1259-1275.

萨础日娜，2017. 内蒙古牧区经营方式之变革：联户、合作、家庭牧场与股份公司［J］. 干旱区资源与环境，31（12）：56-63.

沈琼，李家家，2018. 土地流转对我国家庭农场发展影响实证分析[J]. 南方农业学报，49（9）：1894-1900.

施俭，张庆香，徐培培，等，2018. 上海市崇明区发展都市型家庭农场的现状及对策分析[J]. 上海农业学报，34（3）：145-150.

石永亮，2009. 蒙古国草原畜牧业放牧制度研究[J]. 呼和浩特：内蒙古大学.

泰君，牛建明，董建军，等，2009. 典型草原区家庭牧场可持续发展评价与对策研究——以内蒙古白音锡勒牧场为例[J]. 安徽农业科学，37（29）：14424-14427.

田杰，胡子豪，熊学萍，2022. 农地抵押贷款政策对家庭农场经营绩效的影响——基于17977个家庭农场30449个微观数据[J]. 金融理论与实践（6）：41-50.

田雨露，2022. 家庭农场生成、经营绩效及其成长要素的研究[D]. 长春：吉林农业大学.

田雨露，郭庆海，2022. 家庭农场区域发展特征及生成条件分析[J]. 经济纵横（10）：96-102.

庹国柱，2022. 农业保险研究的若干前沿问题[J]. 农村金融研究（8）：31-39.

王成艳，2019. 蒙古国草原畜牧业生态保护的法律透视[J]. 中国畜牧业（1）：54-56.

王和，皮立波，2004. 论发展中国政策性农业保险的策略[J]. 保险研究（2）：6-8.

王济民，2012. 国外畜牧业发展模式及启示[J]. 中国家禽，34（1）：2-6.

王杰，2012. 国外畜牧业发展特点与中国畜牧业发展模式的选择[J]. 世界农业（10）：32-35.

王璐，2019. 我国政策性农业保险发展模式研究[J]. 环渤海经济瞭望（10）：173.

王庆瑞，1962. 天祝牧场羊群的"野营座圈"对草场生产力影响的初步研究[J]. 甘肃师范大学学报（自然科学版），20（3）：1-7.

王炜，梁存柱，刘钟龄，等，2000. 草原群落退化与恢复演替中的植物个体行为分析[J]. 植物生态学报（3）：268-274.

王晓丽，2020. 家庭农场发展的金融支持研究：工具选择与组合性设计

[D]．泰安：山东农业大学．

王馨，陈颖，2019．新时期我国家庭农场发展的困境与对策［J］．学术交流（7）：114-119．

温锐，闵桂林，2018．家庭农场：中国农业发展史上的内生优选经营模式［J］．江西财经大学学报（4）：84-93．

邬建国，1996．生态学范式变迁综论［J］．生态学报（5）：449-459．

现代畜牧业课题组，2006．国外建设现代畜牧业的基本做法及我国现代畜牧业的模式设计［J］．中国畜牧杂志（20）：24-28．

肖化柱，2019．我国家庭农场制度创新研究［D］．长沙：湖南农业大学．

辛良杰，2020．中国粮食生产类家庭农场的适度经营规模研究［J］．农业工程学报，36（10）：297-306．

熊小刚，韩兴国，周才平，2005．平衡与非平衡生态学下的放牧系统管理［J］．草业学报（6）：1-6．

徐亮，2020．我国家庭农场发展的政策支持与立法保护研究［J］．农业经济（12）：6-8．

薛芳，2023．牧区家庭牧场形成机理、发展能力与成长路径研究［D］．呼和浩特：内蒙古农业大学．

佚名，2019．关于加快农业保险高质量发展的指导意见［J］．农技服务，36（11）：1-3．

闫海明，战金艳，张韬，2012．生态系统恢复力研究进展综述［J］．地理科学进展，31（3）：303-314．

闫玉春，唐海萍，2007．围栏禁牧对内蒙古典型草原群落特征的影响［J］．西北植物学报（6）：1225-1232．

杨光梅，闵庆文，李文华，等，2006．基于CVM方法分析牧民对禁牧政策的受偿意愿——以锡林郭勒草原为例［J］．生态环境（4）：747-751．

杨唯希，2018．促进家庭农场发展的法律制度研究［D］．济南：山东大学．

姚丽娟，2023．我国家庭农场融资制度研究［D］．太原：山西财经大学．

易福金，陆宇，王克，2022．大灾小赔，小灾大赔：保费补贴"包干制"模式下的农业生产风险与赔付水平悖论——以政策性玉米保险

为例 [J]. 中国农村经济 (3): 128-144.

尤晓静, 朱振华, 徐杰, 2022. 乡村振兴战略背景下我国政策性农业保险的绩效评估 [J]. 江苏农业科学, 50 (17): 301-307.

于航, 刘艳, 2022. 乡村振兴背景下内蒙古通辽市家庭农牧场规模经营研究 [J]. 黑龙江民族丛刊 (5): 81-86.

张俊婕, 2022. 中国农业农村现代化发展水平的时空特征及障碍因子分析 [J]. 经济体制改革 (2): 87-94.

张庆, 刘璐瑶, 徐雪, 等, 2021. 内蒙古草原家庭牧场可持续发展研究 [J]. 草业学报, 30 (9): 168-181.

张伟, 黄颖, 易沛, 等, 2017. 政策性农业保险的精准扶贫效应与扶贫机制设计 [J]. 保险研究 (11): 18-32.

张馨予, 2022. 东北地区粮食型家庭农场经营风险评估与风险预警研究 [D]. 哈尔滨: 东北农业大学.

张亚飞, 2023. 新型农业经营主体下我国家庭农场发展障碍与解决对策 [J]. 农业经济 (8): 3-6.

张英俊, 2009. 草地与牧场管理学 [M]. 北京: 中国农业大学出版社.

张永强, 2022. 政策性农业保险实施现状及对策建议——以甘肃省天水市麦积区为例 [J]. 农业科技与信息 (19): 1-4.

张跃华, 顾海英, 2004. 准公共品、外部性与农业保险的性质——对农业保险政策性补贴理论的探讨 [J]. 中国软科学 (9): 10-15.

张祝祥, 沙咏梅, 代丹丹, 2021. 内蒙古推动农畜产品生产基地优质高效转型的思路和建议 [J]. 实践 (思想理论版) (10): 31-32.

赵翠萍, 高云飞, 2023. 中国农业规模化经营的家庭农场模式: 条件及实施路径 [J]. 农业经济 (5): 20-22.

赵冬, 许爱萍, 2019. 日本发展家庭农场的缘起、经验与启示 [J]. 农业经济 (2): 18-20.

赵金国, 2018. 山东省粮食类家庭农场研究: 形成、经营效率与生存能力 [D]. 泰安: 山东农业大学.

赵晓颖, 2023. 蔬菜家庭农场绿色生产行为研究 [D]. 泰安: 山东农业大学.

赵艳云, 2021. 内蒙古典型草原碳特征及管理决策支持系统研究 [D]. 呼和浩特: 内蒙古大学.

周勋章, 2021. 河北省家庭农场产业链延伸的水平测度、经济绩效和影

响因素研究 [D]. 保定：河北农业大学.

BESTELMEYER B T, ASH A J, BROWN J R, et al., 2017. State and transition models: theory, applications, and challenges [M]. Berlin: Springer International Publishing.

BRISKE D D, 2017. Rangeland systems: foundation for a conceptual framework [C] //Briske D D. Rangeland systems: process, management and challenge. Cham, Switzerland.

CLEMENTS E F, 1916. Plant succession: an analysis of the development of vegetation [M]. Washington: Carnegie Institution.

ELLIS J E, SWIFT D M, 1988. Stability of african pastoral ecosystems: alternate paradigms and implications for development [J]. Journal of Range Management, 41 (6), 450-459.

HE Y, YANG X, XIA J, et al., 2016. Consumption of meat and dairy products in China: a review [J]. Proceedings of the Nutrition Society, 75 (3): 385-391.

HENCHION M, MOLONEY A P, HYLAND J, et al., 2021. Trends for meat, milk and egg consumption for the next decades and the role played by livestock systems in the global production of proteins [J]. Animal, 15: 100287.

SHRESTHA N, 2021. Factor analysis as a tool for survey analysis [J]. American Journal of Applied Mathematics and Statistics, 9 (1): 4-11.

WHITE R P, MURRAY S, ROHWEDER M, 2000. Pilot analysis of global ecosystems: grassland ecosystems [M]. Washington: World Resources Institute.

WU J G, 1992. Balance of nature and environmental protection: a paradigm shift [C] // Proceedings of the 4th International Conference of Asia Experts, Portland : Portland State University.

附录1　家庭农牧场政策汇编

关于促进家庭农场发展的指导意见

　　近年来各地顺应形势发展需要，积极培育和发展家庭农场，取得了初步成效，积累了一定经验。为贯彻落实党的十八届三中全会、中央农村工作会议精神和中央一号文件要求，加快构建新型农业经营体系，现就促进家庭农场发展提出以下意见。

　　一、充分认识促进家庭农场发展的重要意义。当前，我国农业农村发展进入新阶段，要应对农业兼业化、农村空心化、农民老龄化，解决谁来种地、怎样种好地的问题，亟须加快构建新型农业经营体系。家庭农场作为新型农业经营主体，以农民家庭成员为主要劳动力，以农业经营收入为主要收入来源，利用家庭承包土地或流转土地，从事规模化、集约化、商品化农业生产，保留了农户家庭经营的内核，坚持了家庭经营的基础性地位，适合我国基本国情，符合农业生产特点，契合经济社会发展阶段，是农户家庭承包经营的升级版，已成为引领适度规模经营、发展现代农业的有生力量。各级农业部门要充分认识发展家庭农场的重要意义，把这项工作摆上重要议事日程，切实加强政策扶持和工作指导。

　　二、把握家庭农场基本特征。现阶段，家庭农场经营者主要是农民或其他长期从事农业生产的人员，主要依靠家庭成员而不是依靠雇工从事生产经营活动。家庭农场专门从事农业，主要进行种养业专业化生产，经营者大都接受过农业教育或技能培训，经营管理水平较高，示范带动能力较强，具有商品农产品生产能力。家庭农场经营规模适度，种养规模与家庭成员的劳动生产能力和经营管理能力相适应，符合当地确定的规模经营标准，收入水平能与当地城镇居民相当，实现较高的土地产出率、劳动生产率和资源利用率。各地要正确把握家庭农场特征，从实际出发，根据产业特点和家庭农场发展进程，引导其健康发展。

三、明确工作指导要求。在我国，家庭农场作为新生事物，还处在发展的起步阶段。当前主要是鼓励发展、支持发展，并在实践中不断探索、逐步规范。发展家庭农场要紧紧围绕提高农业综合生产能力、促进粮食生产、农业增效和农民增收来开展，要重点鼓励和扶持家庭农场发展粮食规模化生产。要坚持农村基本经营制度，以家庭承包经营为基础，在土地承包经营权有序流转的基础上，结合培育新型农业经营主体和发展农业适度规模经营，通过政策扶持、示范引导、完善服务，积极稳妥地加以推进。要充分认识到，在相当长时期内普通农户仍是农业生产经营的基础，在发展家庭农场的同时，不能忽视普通农户的地位和作用。要充分认识到，不断发展起来的家庭经营、集体经营、合作经营、企业经营等多种经营方式，各具特色、各有优势，家庭农场与专业大户、农民合作社、农业产业化经营组织、农业企业、社会化服务组织等多种经营主体，都有各自的适应性和发展空间，发展家庭农场不排斥其他农业经营形式和经营主体，不只追求一种模式、一个标准。要充分认识到，家庭农场发展是一个渐进过程，要靠农民自主选择，防止脱离当地实际、违背农民意愿、片面追求超大规模经营的倾向，人为归大堆、垒大户。

四、探索建立家庭农场管理服务制度。为增强扶持政策的精准性、指向性，县级农业部门要建立家庭农场档案，县以上农业部门可从当地实际出发，明确家庭农场认定标准，对经营者资格、劳动力结构、收入构成、经营规模、管理水平等提出相应要求。各地要积极开展示范家庭农场创建活动，建立和发布示范家庭农场名录，引导和促进家庭农场提高经营管理水平。依照自愿原则，家庭农场可自主决定办理工商注册登记，以取得相应市场主体资格。

五、引导承包土地向家庭农场流转。健全土地流转服务体系，为流转双方提供信息发布、政策咨询、价格评估、合同签订指导等便捷服务。引导和鼓励家庭农场经营者通过实物计租货币结算、租金动态调整、土地经营权入股保底分红等利益分配方式，稳定土地流转关系，形成适度的土地经营规模。鼓励有条件的地方将土地确权登记、互换并地与农田基础设施建设相结合，整合高标准农田建设等项目资金，建设连片成方、旱涝保收的农田，引导流向家庭农场等新型经营主体。

六、落实对家庭农场的相关扶持政策。各级农业部门要将家庭农场纳入现有支农政策扶持范围，并予以倾斜，重点支持家庭农场稳定经营规模、改善生产条件、提高技术水平、改进经营管理等。加强与有关部门沟通协调，推动落实涉农建设项目、财政补贴、税收优惠、信贷支持、抵押担保、农业保险、设施用地等相关政策，帮助解决家庭农场发展中遇到的困难和问题。

七、强化面向家庭农场的社会化服务。基层农业技术推广机构要把家庭农场作为重要服务对象，有效提供农业技术推广、优良品种引进、动植物疫病防控、质量检测检验、农资供应和市场营销等服务。支持有条件的家庭农场建设试验示范基地，担任农业科技示范户，参与实施农业技术推广项目。引导和鼓励各类农业社会化服务组织开展面向家庭农场的代耕代种代收、病虫害统防统治、肥料统配统施、集中育苗育秧、灌溉排水、贮藏保鲜等经营性社会化服务。

八、完善家庭农场人才支撑政策。各地要加大对家庭农场经营者的培训力度，确立培训目标、丰富培训内容、增强培训实效，有计划地开展培训。要完善相关政策措施，鼓励中高等学校特别是农业职业院校毕业生、新型农民和农村实用人才、务工经商返乡人员等兴办家庭农场。将家庭农场经营者纳入新型职业农民、农村实用人才、"阳光工程"等培育计划。完善农业职业教育制度，鼓励家庭农场经营者通过多种形式参加中高等职业教育提高学历层次，取得职业资格证书或农民技术职称。

九、引导家庭农场加强联合与合作。引导从事同类农产品生产的家庭农场通过组建协会等方式，加强相互交流与联合。鼓励家庭农场牵头或参与组建合作社，带动其他农户共同发展。鼓励工商企业通过订单农业、示范基地等方式，与家庭农场建立稳定的利益联结机制，提高农业组织化程度。

十、加强组织领导。各级农业部门要深入调查研究，积极向党委、政府反映情况、提出建议，研究制定本地区促进家庭农场发展的政策措施，加强与发改、财政、工商、国土、金融、保险等部门协作配合，形成工作合力，共同推进家庭农场健康发展。要加强对家庭农场财务管理和经营指导，做好家庭农场统计调查工作。及时总结家庭农场发展过程中的好经验、好做法，充分运用各类新闻媒体加强宣传，营造良好社会氛围。

国有农场可参照本意见，对农场职工兴办家庭农场给予指导和扶持。

农业部

2014年2月24日

农业部办公厅关于进一步做好家庭农场认定和名录建设工作的通知

各省（区、市）农业（农牧、农村经济）厅（局、委）：

为贯彻落实十八届五中全会和中央一号文件精神，促进家庭农场健康发展，现就进一步做好认定管理工作，建立家庭农场名录制度等事项通知如下。

一、制定家庭农场认定办法，加强工作指导

地方农业部门要按照《农业部关于促进家庭农场发展的指导意见》（农经发〔2014〕1号），明确家庭农场认定标准，规范认定程序，对经营者资格、劳动力结构、收入构成、经营规模、管理水平等提出相应要求。尚未出台家庭农场发展指导意见的吉林、黑龙江、江西、河南和贵州等省份，要抓紧制定出台，加强工作指导。各省（区、市）要指导县级以上农业部门结合实际细化家庭农场认定标准，在2016年底前做到涉农县（区、市）全面覆盖。

二、建立家庭农场名录，提升管理服务水平

建立农业部门认定家庭农场名录，是引导和促进家庭农场发展的重要依据，是提升管理服务工作水平的必要手段，也是增强扶持政策针对性的基础。按照2016年全国农业工作会议关于"抓紧建立新型经营主体生产经营直报信息系统"的要求，我部将在今年建立全国家庭农场名录系统，并逐步实现数据直接采集、动态更新。为筹建好系统，现对2015年底前已在农业部门认定的家庭农场信息进行采集。

（一）采集对象：2015年底各地通过农经统计上报的农业部门认定家庭农场（2015年各省份预报数附后，如有变更请以最新数据为准）。

（二）采集内容：家庭农场名录信息主要包括家庭农场所在地、家庭农场名称、经营者基本信息（姓名、身份证号）、经营土地和品种信息等。

（三）采集方式：使用农村经营管理情况统计系统的省（区、市），可直接组织县（区、市）在系统的"村数据导入"菜单下"家庭农场名录导入"位置下载家庭农场名录报表；未使用全国农经统一软件的省（区、

市），可由省一级在农经系统中先行下载，以邮件等方式发送各县（区、市），待填完后在农村经营管理情况统计系统导入即可。导入后可在"查看村导入数据"菜单下"家庭农场名录查看"功能中查询已导入的家庭农场数据记录。

（四）时间要求：请于3月10日起，组织指导各县（区、市）将每户家庭农场的基本信息填入家庭农场名录报表中，并加强信息审核，确保填写完整、准确。请于4月10日前，组织完成名录数据采集工作。

各地要加强家庭农场管理部门和农经统计部门沟通配合，采取对名录数据抽查等手段，确保家庭农场认定信息真实准确，防止滥定。对于已进入名录库但经营情况有变动、不再符合农业部门认定标准的家庭农场，要通过年审等方式建立淘汰制度，实现动态管理。新型经营主体生产经营直报系统建成运营后，将通过金融、保险机构点对点服务进行信息验证。我部将在今年重点就家庭农场名录系统使用等内容开展相关培训，通知另发。

经管司联系人：杨凯波
联系电话：010-59193116
信息填写联系人：薛颖瑞
联系电话：010-59192799

农业部办公厅
2016年3月8日

2015年底各省份预报农业部门认定家庭农场数量

单位：个

省份	家庭农场数量	省份	家庭农场数量
北京市	8	江西省	23 827
天津市	193	山东省	22 385
河北省	7 659	河南省	6 898
山西省	8 812	湖北省	24 739
内蒙古自治区	990	湖南省	14 199
辽宁省	2 997	广东省	13 422
吉林省	11 186	广西壮族自治区	1 525
黑龙江省	17 090	海南省	1 041
上海市	3 031	重庆市	8 900
江苏省	26 290	四川省	14 726
浙江省	21 436	贵州省	2 367
安徽省	29 382	云南省	2 455
福建省	5 306	西藏自治区	0
陕西省	6 998	宁夏回族自治区	1 754
甘肃省	4 106	新疆维吾尔自治区	2 019
青海省	1 970	汇总	287 711

关于实施家庭农场培育计划的指导意见

各省、自治区、直辖市人民政府，国务院各部委、各直属机构：

  家庭农场以家庭成员为主要劳动力，以家庭为基本经营单元，从事农业规模化、标准化、集约化生产经营，是现代农业的主要经营方式。党的十八大以来，各地区各部门按照党中央、国务院决策部署，积极引导扶持农林牧渔等各类家庭农场发展，取得了初步成效，但家庭农场仍处于起步发展阶段，发展质量不高、带动能力不强，还面临政策体系不健全、管理制度不规范、服务体系不完善等问题。为贯彻落实习近平总书记重要指示精神，加快培育发展家庭农场，发挥好其在乡村振兴中的重要作用，经国务院同意，现就实施家庭农场培育计划提出以下意见。

一、总体要求

  （一）指导思想。以习近平新时代中国特色社会主义思想为指导，全面贯彻党的十九大和十九届二中、三中全会精神，紧紧围绕统筹推进"五位一体"总体布局，协调推进"四个全面"战略布局，落实新发展理念，坚持高质量发展，以开展家庭农场示范创建为抓手，以建立健全指导服务机制为支撑，以完善政策支持体系为保障，实施家庭农场培育计划，按照"发展一批、规范一批、提升一批、推介一批"的思路，加快培育出一大批规模适度、生产集约、管理先进、效益明显的家庭农场，为促进乡村全面振兴、实现农业农村现代化夯实基础。

  （二）基本原则。

  坚持农户主体。坚持家庭经营在农村基本经营制度中的基础性地位，鼓励有长期稳定务农意愿的农户适度扩大经营规模，发展多种类型的家庭农场，开展多种形式合作与联合。

  坚持规模适度。引导家庭农场根据产业特点和自身经营管理能力，实现最佳规模效益，防止片面追求土地等生产资料过度集中，防止"垒大户"。

  坚持市场导向。遵循家庭农场发展规律，充分发挥市场在推动家庭农场发展中的决定性作用，加强政府对家庭农场的引导和支持。

  坚持因地制宜。鼓励各地立足实际，确定发展重点，创新家庭农场发展思路，务求实效，不搞一刀切，不搞强迫命令。

  坚持示范引领。发挥典型示范作用，以点带面，以示范促发展，总结推广不同类型家庭农场的示范典型，提升家庭农场发展质量。

（三）发展目标。到2020年，支持家庭农场发展的政策体系基本建立，管理制度更加健全，指导服务机制逐步完善，家庭农场数量稳步提升，经营管理更加规范，经营产业更加多元，发展模式更加多样。到2022年，支持家庭农场发展的政策体系和管理制度进一步完善，家庭农场生产经营能力和带动能力得到巩固提升。

二、完善登记和名录管理制度

（四）合理确定经营规模。各地要以县（市、区）为单位，综合考虑当地资源条件、行业特征、农产品品种特点等，引导本地区家庭农场适度规模经营，取得最佳规模效益。把符合条件的种养大户、专业大户纳入家庭农场范围。（农业农村部牵头，林草局等参与）

（五）优化登记注册服务。市场监管部门要加强指导，提供优质高效的登记注册服务，按照自愿原则依法开展家庭农场登记。建立市场监管部门与农业农村部门家庭农场数据信息共享机制。（市场监管总局、农业农村部牵头）

（六）健全家庭农场名录系统。完善家庭农场名录信息，把农林牧渔等各类家庭农场纳入名录并动态更新，逐步规范数据采集、示范评定、运行分析等工作，为指导家庭农场发展提供支持和服务。（农业农村部牵头，林草局等参与）

三、强化示范创建引领

（七）加强示范家庭农场创建。各地要按照"自愿申报、择优推荐、逐级审核、动态管理"的原则，健全工作机制，开展示范家庭农场创建，引导其在发展适度规模经营、应用先进技术、实施标准化生产、纵向延伸农业产业链价值链以及带动小农户发展等方面发挥示范作用。（农业农村部牵头，林草局等参与）

（八）开展家庭农场示范县创建。依托乡村振兴示范县、农业高质量发展先行区、现代农业示范区等，支持有条件的地方开展家庭农场示范县创建，探索系统推进家庭农场发展的政策体系和工作机制，促进家庭农场培育工作整县推进，整体提升家庭农场发展水平。（农业农村部牵头，林草局等参与）

（九）强化典型引领带动。及时总结推广各地培育家庭农场的好经验好模式，按照可学习、易推广、能复制的要求，树立一批家庭农场发展范例。

鼓励各地结合实际发展种养结合、生态循环、机农一体、产业融合等多种模式和农林牧渔等多种类型的家庭农场。按照国家有关规定，对为家庭农场发展作出突出贡献的单位、个人进行表彰。（农业农村部牵头，人力资源社会保障部、林草局等参与）

（十）鼓励各类人才创办家庭农场。总结各地经验，鼓励乡村本土能人、有返乡创业意愿和回报家乡愿望的外出农民工、优秀农村生源大中专毕业生以及科技人员等人才创办家庭农场。实施青年农场主培养计划，对青年农场主进行重点培养和创业支持。（农业农村部牵头，教育部、科技部、林草局等参与）

（十一）积极引导家庭农场发展合作经营。积极引导家庭农场领办或加入农民合作社，开展统一生产经营。探索推广家庭农场与龙头企业、社会化服务组织的合作方式，创新利益联结机制。鼓励组建家庭农场协会或联盟。（农业农村部牵头，林草局等参与）

四、建立健全政策支持体系

（十二）依法保障家庭农场土地经营权。健全土地经营权流转服务体系，鼓励土地经营权有序向家庭农场流转。推广使用统一土地流转合同示范文本。健全县乡两级土地流转服务平台，做好政策咨询、信息发布、价格评估、合同签订等服务工作。健全纠纷调解仲裁体系，有效化解土地流转纠纷。依法保护土地流转双方权利，引导土地流转双方合理确定租金水平，稳定土地流转关系，有效防范家庭农场租地风险。家庭农场通过流转取得的土地经营权，经承包方书面同意并向发包方备案，可以向金融机构融资担保。（农业农村部牵头，人民银行、银保监会、林草局等参与）

（十三）加强基础设施建设。鼓励家庭农场参与粮食生产功能区、重要农产品生产保护区、特色农产品优势区和现代农业产业园建设。支持家庭农场开展农产品产地初加工、精深加工、主食加工和综合利用加工，自建或与其他农业经营主体共建集中育秧、仓储、烘干、晾晒以及保鲜库、冷链运输、农机库棚、畜禽养殖等农业设施，开展田头市场建设。支持家庭农场参与高标准农田建设，促进集中连片经营。（农业农村部牵头，发展改革委、财政部、林草局等参与）

（十四）健全面向家庭农场的社会化服务。公益性服务机构要把家庭农场作为重点，提供技术推广、质量检测检验、疫病防控等公益性服务。鼓励农业科研人员、农技推广人员通过技术培训、定向帮扶等方式，为家庭农场提供先进适用技术。支持各类社会化服务组织为家庭农场提供耕种防收等生产性服务。鼓励和支持供销合作社发挥自身组织优势，通过多种形式服务家庭农场。探索发展农业专业化人力资源中介服务组织，解决家庭农场临时性用工需求。（农业农村部牵头，科技部、人力资源社会保障部、林草局、供销合作总社等参与）

（十五）健全家庭农场经营者培训制度。国家和省级农业农村部门要编制培训规划，县级农业农村部门要制定培训计划，使家庭农场经营者至少每三年轮训一次。在农村实用人才带头人等相关涉农培训中加大对家庭农场经营者培训力度。支持各地依托涉农院校和科研院所、农业产业化龙头企业、各类农业科技和产业园区等，采取田间学校等形式开展培训。（农业农村部牵头，教育部、林草局等参与）

（十六）强化用地保障。利用规划和标准引导家庭农场发展设施农业。鼓励各地通过多种方式加大对家庭农场建设仓储、晾晒场、保鲜库、农机库棚等设施用地支持。坚决查处违法违规在耕地上进行非农建设的行为。（自然资源部牵头，农业农村部等参与）

（十七）完善和落实财政税收政策。鼓励有条件的地方通过现有渠道安排资金，采取以奖代补等方式，积极扶持家庭农场发展，扩大家庭农场受益面。支持符合条件的家庭农场作为项目申报和实施主体参与涉农项目建设。支持家庭农场开展绿色食品、有机食品、地理标志农产品认证和品牌建设。对符合条件的家庭农场给予农业用水精准补贴和节水奖励。家庭农场生产经营活动按照规定享受相应的农业和小微企业减免税收政策。（财政部牵头，水利部、农业农村部、税务总局、林草局等参与）

（十八）加强金融保险服务。鼓励金融机构针对家庭农场开发专门的信贷产品，在商业可持续的基础上优化贷款审批流程，合理确定贷款的额度、利率和期限，拓宽抵质押物范围。开展家庭农场信用等级评价工作，鼓励金融机构对资信良好、资金周转量大的家庭农场发放信用贷款。全国农业信贷担保体系要在加强风险防控的前提下，加快对家庭农场的业务覆盖，增强家庭农场贷款的可得性。继续实施农业大灾保险、三大粮食作物完全成本保险和收入保险试点，探索开展中央财政对地方特色优势农产品保险以奖代补政策试点，有效满足家庭农场的风险保障需求。鼓励开展家庭农场综合保险试点。（人民银行、财政部、银保监会牵头，农业农村部、林草局等参与）

（十九）支持发展"互联网+"家庭农场。提升家庭农场经营者互联网应用水平，推动电子商务平台通过降低入驻和促销费用等方式，支持家庭农场发展农村电子商务。鼓励市场主体开发适用的数据产品，为家庭农场提供专业化、精准化的信息服务。鼓励发展互联网云农场等模式，帮助家庭农场合理安排生产计划、优化配置生产要素。（商务部、农业农村部分别负责）

（二十）探索适合家庭农场的社会保障政策。鼓励有条件的地方引导家庭农场经营者参加城镇职工社会保险。有条件的地方可开展对自愿退出土地承包经营权的老年农民给予养老补助试点。（人力资源社会保障部、农业农村部分别负责）

五、健全保障措施

（二十一）加强组织领导。地方各级政府要将促进家庭农场发展列入重要议事日程，制定本地区家庭农场培育计划并部署实施。县乡政府要积极采取措施，加强工作力量，及时解决家庭农场发展面临的困难和问题，确保各项政策落到实处。（农业农村部牵头）

（二十二）强化部门协作。县级以上地方政府要建立促进家庭农场发展的综合协调工作机制，加强部门配合，形成合力。农业农村部门要认真履行指导职责，牵头承担综合协调工作，会同财政部门统筹做好家庭农场财政支持政策；自然资源部门负责落实家庭农场设施用地等政策支持；市场监管部门负责在家庭农场注册登记、市场监管等方面提供支撑；金融部门负责在信贷、保险等方面提供政策支持；其他有关部门依据各自职责，加强对家庭农场支持和服务。（各有关部门分别负责）

（二十三）加强宣传引导。充分运用各类新闻媒体，加大力度宣传好发展家庭农场的重要意义和任务要求。密切跟踪家庭农场发展状况，宣传好家庭农场发展中出现的好典型、好案例以及各地发展家庭农场的好经验、好做法，为家庭农场发展营造良好社会舆论氛围。（农业农村部牵头）

（二十四）推进家庭农场立法。加强促进家庭农场发展的立法研究，加快家庭农场立法进程，为家庭农场发展提供法律保障。鼓励各地出台规范性文件或相关法规，推进家庭农场发展制度化和法制化。（农业农村部牵头，司法部等参与）

中央农村工作领导小组办公室　农业农村部　国家发展改革委
　　财政部　自然资源部　商务部
　　人民银行　市场监管总局　银保监会
　　全国供销合作总社　国家林草局
2019 年 8 月 27 日

新型农业经营主体和服务主体高质量发展规划（2020—2022年）（节选）[①]

第三章 加快培育发展家庭农场

一、完善家庭农场名录管理制度

以县（市、区）为重点抓紧建立健全家庭农场名录管理制度，完善纳入名录的条件和程序，引导广大农民和各类人才创办家庭农场，同时把符合家庭农场条件的种养大户和专业大户、已在市场监管部门登记的家庭农场纳入名录管理，建立完整的家庭农场名录，实行动态管理，确保质量。健全家庭农场名录系统，及时把名录管理的家庭农场纳入系统，实现随时填报、动态更新和精准服务。（部政策改革司负责）

二、加大家庭农场示范创建力度

根据本地区劳动力状况、生产力水平、农业区域特色、家庭农场经营类别，依据经营管理能力、物质装备条件、适度经营规模、生产经营效益等因素，合理确定示范家庭农场评定标准和程序，加大示范家庭农场创建力度，加强示范引导，探索系统推进家庭农场发展的政策体系和工作机制。组织开展家庭农场典型案例征集活动，宣传推介一批家庭农场典型案例，树立一批可看可学的家庭农场发展标杆和榜样。（部政策改革司负责）

三、强化家庭农场指导服务扶持

积极协调在节本增效、绿色生态、改善设施、提高能力等方面探索一套符合家庭农场特点的支持政策，重点推动建立针对家庭农场的财政补助、信贷支持、保险保障等政策。通过支持家庭农场优先承担涉农项目等方式，引导家庭农场采用先进科技和生产手段，开展标准化生产。加强家庭农场统计和监测。强化家庭农场示范培训，提高家庭农场经营管理水平和示范带动能力。鼓励各地设计和推广使用家庭农场财务收支记录簿。积极引导家庭农场开展联合与合作。（部政策改革司、计财司负责）

四、鼓励组建家庭农场协会或联盟

积极开展区域性家庭农场协会或联盟创建，根据种养品种等行业特点和

[①] 农业农村部印发。

不同行业、区域的需求,有序组建一批带动能力突出、示范效应明显的家庭农场协会或联盟,逐步构建家庭农场协会或联盟体系。(部政策改革司负责)

专栏1　家庭农场培育发展工程

（一）全国家庭农场名录系统建设

统一建设全国家庭农场名录数据库,不断完善数据库设施条件,逐步完善经营人员、经营规模、经营品种、示范评定等基础信息,形成国家、省、市、县四级家庭农场名录信息采集、典型监测、发展分析体系。(部政策改革司负责)

（二）家庭农场基础设施建设

支持家庭农场参与高标准农田建设,重点建设小农户急需的通田到地末级灌溉渠道、机耕生产道路等设施,加快建设一批土地集中连片、基础设施完备的家庭农场。支持家庭农场自建或联合建设集中育秧、仓储、烘干、晾晒、保鲜库、冷链运输、农机棚库、畜禽养殖等农业设施。健全县乡两级土地流转服务平台,做好政策咨询、信息发布、价格评估、合同签订等服务工作。(部政策改革司、农田建设司负责)

（三）家庭农场能力提升

支持家庭农场采用先进技术和装备,开展产地初加工和主食加工,开展绿色食品、有机食品、地理标志农产品认证和品牌建设,提升绿色化标准化生产能力。引导家庭农场领办或加入农民合作社,积极与龙头企业、社会化服务组织建立利益联结机制,创新与销地农批市场、大型商超合作模式,保障生产与销售渠道高效对接。加强现代化新技术、新理念在家庭农场生产全过程的应用,鼓励家庭农场发展设施农业、休闲农业、智慧农业、电子商务等新产业新业态。鼓励金融机构针对家庭农场开发专门信贷产品,开展家庭农场信用等级评价,对资信良好的发放信用贷款。(部政策改革司、计财司、乡村产业司负责)

关于推广使用家庭农场"随手记"记账软件的通知

各省、自治区、直辖市及计划单列市农业农村(农牧)厅(局、委),新疆生产建设兵团农业农村局:

根据新型农业经营主体提升行动关于建立家庭农场规范运营制度的要求,农业农村部农村合作经济指导司组织开发了家庭农场"随手记"(以下简称"随手记")记账软件,免费提供给广大家庭农场使用,满足家庭农场财务收支、生产销售等基本记账需求。为做好"随手记"记账软件宣传推广,引导家庭农场积极使用,现就有关事项通知如下。

一、家庭农场"随手记"主要功能

"随手记"记账软件由基本信息、记一笔、库存记录、债权债务、报表查询、政策宣传、个人中心等7个功能模块构成,具有信息记录、便捷记账、报表查询、政策宣传等四方面功能。

(一)信息记录。记录和修改家庭农场基础信息,包括家庭农场名称、农场主姓名、经营类型、行业分类、经营面积、所在地区、成立时间、示范等级等。软件基本信息记录多为菜单式选项,在相应信息中预设若干一级分类和二级分类,家庭农场主自行选择确认,轻松记录信息。

(二)便捷记账。支持一键记账,记录家庭农场收入、支出、库存和债权债务,规范财务收支。软件在醒目位置设置"记一笔"一键记账入口,关联收入、支出、库存和债权债务4个分类入口,点击相应分类快速记账。其中,收入预设销售收入、服务收入、财政补助、租赁收入、保险赔付、捐赠收入和其他收入;支出预设购买农资、固定资产、支付工资、购买保险、支付利息、支付租金和其他支出;库存预设农资、农产品、机械设备和其他类;债权债务预设债权和债务。家庭农场记账时,选择预设分类后会对应弹出相应记账要素,跟随引导逐步填写,便可完成记账。同时,软件支持实时拍照上传、债权债务到期提醒等特色功能。

(三)报表查询。软件自动生成收入、支出、经营利润、总利润、流水账、固定资产、库存、债权债务等报表,支持实时更新查询和下载打印。在主页面设置收入和支出报表的速查入口,便于家庭农场主随时掌握经营动态。

(四)政策宣传。软件在主页面设置宣传栏,宣传解读家庭农场相关政策法规，实现政策直达家庭农场主。

二、下载安装及账号管理

（一）移动端安装。"随手记"记账软件目前仅支持安卓（Android）系统移动端，家庭农场主使用手机等移动设备扫描二维码（见附件）下载安装，如遇使用问题可通过"个人中心"内"联系我们"咨询解决。

（二）电脑（PC）端安装。"随手记"记账软件电脑（PC）端同时支持家庭农场记账和农业农村部门查询，使用者在浏览器输入网址，直接访问登录，无需下载安装。软件自动同步更新电脑（PC）端与移动端的记账情况。

（三）账号设置。家庭农场主注册账号后，可用同一账号登录移动端或电脑（PC）端。各级农业农村部门使用配发的管理员账号登录，了解辖区内家庭农场整体使用情况。

三、有关要求

开发"随手记"记账软件并免费提供给家庭农场使用，是农业农村部为广大家庭农场办实事的一项重要内容，是促进家庭农场规范运营的有效工作抓手。各级农业农村部门要高度重视，通过组织动员部署、纳入培训课程、进村入场宣讲等多种方式，加大对"随手记"记账软件的宣传推广力度，扩大政策知晓率，引导家庭农场自愿安装使用。

各级农业农村部门要规范使用管理员账号，指定专人负责，严守信息安全，保护家庭农场权益，杜绝信息泄露风险。加强指导服务，及时收集反馈家庭农场在使用"随手记"记账软件过程中提出的意见建议，促进软件不断升级完善。

附件：家庭农场"随手记"使用说明

农业农村部农村合作经济指导司

2022 年 6 月 1 日

附件

家庭农场"随手记"使用说明

一、移动端

1. 下载安装

通过微信或 QQ 扫描二维码下载安装,扫描后根据页面引导在浏览器打开,点击"Android 下载"。目前仅支持安卓系统手机。

2. 注册

首次使用需注册账户,打开软件后,点击登录页面下方的"注册"按钮,进入注册页面填写注册信息后,勾选家庭农场"随手记"用户服务协议,点击"确认"按钮提交,自动进入基本信息填报页面。填好基本信息后,再次点击"确认"按钮完成注册。

3. 登录及找回密码

在登录页面输入已注册的账号和密码,即可登录软件。点击"记住密码"按钮可以保存账号和密码,软件默认记住密码。注意,密码须由大小写字母、数字和特殊符号共同组成,最少 8 位。找回密码时,在登录页面点击"忘记密码",通过手机获取验证码验证找回。

4. 快速记账

方式一:软件主界面汇总显示总利润、经营利润、基本信息、报表查询、收入明细、支出明细、库存记录、债权债务等功能的快速入口,点击进入后便可进行相应操作。

方式二:通过"记一笔"按钮,进入对应分类完成快速记账。

新增收入:"收入"初始设置了销售收入、服务收入、财政补贴、租赁收入、保险赔付、捐赠收入、其他收入等 7 个一级分类,在页面选择一级分类,根据提示录入指标,录入完成后点击下方的"保存"后完成。

新增支出:"支出"初始设置了购买农资、固定资产、支付工资、购买保险、支付利息、支付租金、其他支出等 7 个一级分类,在页面选择一级分类,根据提示录入指标,录入完成后点击下方的"保存"后完成。

新增库存:"库存"初始设置了农资、农产品、机械设备、其他类等 4 个一级分类,在页面选择库存一级分类,根据提示录入指标,录入完成后点击下方的"保存"后完成。

新增债权债务:在页面选择债权或者债务,根据提示录入指标,录入完成后点击下方的"保存"后完成。

5. 查询报表

点击"报表查询"按钮，快速查询家庭农场记账所产生的收入、支出、经营利润、总利润、流水账、固定资产、库存、债权债务情况。软件支持按时间范围、类型、搜索关键词等方式进行查询，支持修改、删除已记录信息和下载打印报表。

6. 在收支中增加或删除一二级分类

（1）增加分类。点击"记一笔"后选择"收入"或"支出"，点击页面上方"新增分类"，输入分类名称及图标后，完成一二级分类的添加。

（2）在已有一级分类中添加二级分类。选择指定一级分类，在指标内点击"分类"选择"新增分类"，输入二级分类名称及图标后完成。

（3）删除分类。点击"记一笔"后选择"收入"或"支出"，在指标内点击"分类"，选择"删除分类"，在分类列表内选择分类进行删除。软件原有分类无法删除。

7. 修改或删除已有记录

（1）修改收入和支出。可以通过报表查询中的收入、支出列表进行修改，也可以通过新增正确记录，删除错误记录的方式来实现。

（2）修改或删除库存。点击报表查询内的"库存"，在统计图表下方点击需要修改或删除的库存名称，根据提示修改或删除。

（3）修改或删除债权债务。点击报表查询内的"债权债务"，在统计图表下方点击需要修改或删除的债权债务人名称，根据提示修改或删除即可。

8. 摊销、修改和报废固定资产

（1）摊销固定资产。点击"记一笔"后选择"支出"，在页面选择"固定资产"录入指标，选择"是否完工"，选择"是"后，填写"摊销年限"（成本摊销有两种计入方式，一种是填写"0"全额计入当月支出，另一种是填写计划摊销的年限），录入完成后点击"保存"。

（2）新增或修改固定资产记录。固定资产有两种修改方式，一种是在"记一笔"中的支出列表选择待修改数据，进入"支出详情"页直接修改。另一种是点击"报表查询"进入支出列表，选择待修改数据进行修改。

（3）报废固定资产。在首页内点击"报表查询"，选择"固定资产"，点击需要报废的固定资产，进入详情页下方点击"报废"。

9. 修改基本信息和更换手机号

点击"基本信息"，可对基本信息进行查看和修改。在"手机号"一栏点击"修改",输入新手机号及短信验证码完成更换手机号。

10. 软件升级

当版本需要更新时,打开软件会自动弹出提示窗口,点击"立即升级"后完成版本自动更新。如点击"暂不升级"则会导致软件无法正常使用。

11. 下载打印

在报表查询中点击"下载打印",会弹出下载链接,点击"复制"按钮复制到粘贴板。在浏览器地址栏粘贴链接,完成在线下载,下载后的信息可直接打印。

二、电脑(PC)端

家庭农场电脑(PC)端的使用方法与移动端相同。

农业农村部门管理员使用管理账号登录电脑(PC)端后,可以查询辖区内"随手记"记账软件注册使用情况和家庭农场分类汇总情况。

1. 查询软件使用和开展记账情况

点击"记账查询"后,在记账进度查询、记账进度汇总等分类中,选择目标分类进行查询。

2. 查询家庭农场分类信息

点击"数据统计"后,在基本信息统计、地区注册农场汇总等分类中,选择目标分类进行查询。

3. 切换账号

点击家庭农场"随手记"标志,进行切换账号或退出登录。

三、家庭农场"随手记"二维码(安卓版)

家庭农场随手记

关于全面实行家庭农场"一码通"管理服务制度的通知

各省、自治区、直辖市及计划单列市农业农村（农牧）厅（局、委）：

贯彻落实中央农村工作会议、2023年中央一号文件以及农业农村部一号文件关于支持发展家庭农场的部署要求，为激发家庭农场发展活力，提升家庭农场管理服务信息化水平，在总结前期试点经验基础上，决定全面实行家庭农场"一码通"管理服务制度，深入开展家庭农场"一码通"赋码工作。现就有关事项通知如下。

一、准确把握家庭农场"一码通"赋码的总体要求

（一）赋码对象。家庭农场"一码通"是农业农村部对全国家庭农场赋予、归集展示家庭农场信息、作为家庭农场纳入全国家庭农场名录系统（以下简称"名录系统"）管理的唯一标识。赋码工作依托名录系统开展，纳入名录系统且完成上年度数据信息更新的家庭农场，均可提出赋码申请。

（二）赋码规则。家庭农场"一码通"编码由数字码和二维码共同组成。其中，数字码参照统一社会信用代码编码规则，由十八位的大写英文字母和阿拉伯数字组成；二维码内置互联网链接，链接名录系统中家庭农场相关信息。家庭农场"一码通"赋码事项包括家庭农场名称、地址、示范创建类别、主营类型、注册商标、农产品质量安全认证情况等。家庭农场"一码通"编码具有唯一性，一经赋予，在该家庭农场存续期间保持不变。

（三）赋码管理部门。县级农业农村部门负责本辖区家庭农场"一码通"的业务管理工作，要切实履行职责，认真审核家庭农场的赋码申请和相关数据信息，符合赋码条件的及时赋码。

二、认真做好家庭农场"一码通"赋码的重点工作

（一）积极引导家庭农场申请赋码。家庭农场可通过"新型农业经营主体管理系统"微信小程序，进入全国家庭农场"一码通"赋码申请系统，按照提示依次进行实名认证、账号绑定、申请赋码操作，并自主选择"一

码通"赋码事项。各级农业农村部门要结合实施新型农业经营主体提升行动，多渠道、多形式加大"一码通"赋码宣传力度，引导家庭农场申请赋码，向社会展示自身良好形象。

（二）严格审核赋码。各级农业农村部门要确定名录系统管理员专门负责名录系统管理和家庭农场"一码通"赋码工作。县级管理员应当及时登录名录系统，通过"赋码管理"模块处理赋码申请，点击"赋码审核"查看家庭农场信息，认真审核确定是否赋码。对于审核不通过的，应当清晰完整输入理由，以便家庭农场进一步完善赋码申请。省级管理员要定期登录名录系统，掌握本省份家庭农场赋码工作动态，督促做好县级赋码。

（三）下载使用"一码通"编码。家庭农场可以通过"新型农业经营主体管理系统"微信小程序，点击"我的农场"模块，查看家庭农场信息及赋码状态。赋码申请通过审核后，可以查看、下载"一码通"编码，并根据生产经营需要加以应用。

（四）及时更新名录系统数据。家庭农场生产经营信息发生变更的，应当及时登录名录系统更新相关数据信息，并于每年2月底前完成上年度生产经营数据更新，确保"一码通"编码关联信息真实准确。

三、努力提升家庭农场管理服务水平

（一）加强名录管理。各级农业农村部门要按照《家庭农场"一码通"管理服务制度》（附件1）的有关规定，切实做好本地区家庭农场"一码通"管理服务工作，对符合条件的家庭农场实现名录系统应录尽录，有效提升家庭农场管理服务信息化水平。

（二）加强"一码通"推广应用。各级农业农村部门要引导家庭农场积极用码，供消费者便捷获取家庭农场及产品信息，实现家庭农场直接获客。要积极拓展家庭农场"一码通"应用领域场景，利用社企对接、政银合作等机制，向农业产业链上下游市场主体、金融保险机构等集成推送家庭农场"一码通"编码，便利其与家庭农场开展业务合作，为家庭农场提供精准服务。

联系人及电话：农业农村部农村合作经济指导司孙少磊，010-59192030。

名录系统技术支持电话：010-59195333。

附件：1. 家庭农场"一码通"管理服务制度

2. 家庭农场"一码通"编码（样码）
3. 家庭农场"一码通"赋码申请审核表

农业农村部办公厅
2023 年 3 月 9 日

附件1

家庭农场"一码通"管理服务制度

第一章 总则

第一条 贯彻落实党中央、国务院关于发展新型农业经营主体的决策部署，为提升家庭农场管理服务信息化水平，推动家庭农场高质量发展，制定本制度。

第二条 本制度所指家庭农场，是指以家庭经营为基本单元，以农场生产经营为主业，以农场经营收入为家庭主要收入来源，从事农业规模化、标准化、集约化生产经营的新型农业经营主体。

第三条 家庭农场"一码通"是农业农村部对全国家庭农场赋予、归集展示家庭农场信息、作为家庭农场纳入全国家庭农场名录系统（以下简称"名录系统"）管理的唯一标识。家庭农场"一码通"管理服务依托名录系统开展，实行信息化管理，实现数据信息联动。

第二章 名录管理

第四条 家庭农场实行名录管理，坚持主体自愿、应录尽录、动态管理的原则。录入名录系统的家庭农场应当符合所在地农业农村部门规定的家庭农场具体条件。

第五条 鼓励符合条件的家庭农场自主登录名录系统，成为注册用户，填报生产经营数据，并对所填报信息的真实性、准确性负责。县级和乡镇农业农村部门为家庭农场完成名录系统录入提供指导和帮助。

第六条 实行名录系统数据信息年度更新，家庭农场应当在每年2月底前完成上年度名录系统数据信息更新。

第七条 县级农业农村部门应当加强对家庭农场的数据信息审核，检查家庭农场数据信息的完整性和及时性。发现家庭农场名录系统数据信息不准确、不完整的，应当及时指导家庭农场予以更正、完善。

第八条 家庭农场因经营情况发生变化等不再符合名录管理要求的，县级农业农村部门应当在核实无误后将其从名录系统中移除。

第九条 家庭农场有下列情形之一的，县级农业农村部门应当将其列入经营异常名单：

（一）未在规定时限内完成名录系统信息更新；

（二）故意提供虚假信息；

（三）被列入国家企业信用信息公示系统经营异常名录或失信名单；

（四）发生其他违反法律、法规等规定的行为。

第十条　县级农业农村部门应当及时将列入经营异常名单情况告知家庭农场，对因第九条第（一）项原因被列入经营异常名单的家庭农场，在完成信息更新后即可移出经营异常名单；因第九条第（二）（三）（四）项原因被列入经营异常名单的家庭农场，在相关情形消除后，可以向县级农业农村部门申请移出经营异常名单。

第三章　赋码管理

第十一条　家庭农场"一码通"赋码链接名录系统信息，实行"一场一码、一码关联"。

第十二条　家庭农场"一码通"编码由数字码和二维码共同组成。

（一）数字码。参照统一社会信用代码编码规则，由十八位的大写英文字母和阿拉伯数字组成，包括第 1 位农业农村部门代码（N）、第 2 位家庭农场代码（J）、第 3~8 位家庭农场所在的县级行政区划代码、第 9~17 位家庭农场标识码、第 18 位校验码五个部分。在名录系统登录页面设置数字码查询入口。

（二）二维码。包含家庭农场基本情况、经营规模、商标和产品质量认证等信息，内置互联网链接，通过扫描二维码可读取查询相关信息。

第十三条　家庭农场"一码通"由家庭农场自愿提出赋码申请，通过"新型农业经营主体管理系统"微信小程序，进入"全国家庭农场'一码通'赋码申请系统"，按照提示依次进行实名认证、账号绑定、申请赋码操作，并自主选择"一码通"所链接的信息内容。

第十四条　县级农业农村部门负责"一码通"赋码申请审核和赋码，登录名录系统"赋码管理"模块，查看申请信息并进行审核操作。对于赋码审核不通过的，应当手动输入相应的理由。各级农业农村部门不得以任何理由向家庭农场收取办理赋码费用。

第十五条　家庭农场"一码通"编码具有唯一性，一经赋予，在该家庭农场存续期间保持不变。家庭农场生产经营信息发生变更的，应当及时登录名录系统更新数据信息，"一码通"编码信息自动关联更新。

第十六条　被列入经营异常名单的家庭农场，其"一码通"编码停用，待该家庭农场移出经营异常名单并经审核后恢复。被从名录系统中移除的家庭农场，其"一码通"编码作废，作废编码不再使用。

第四章　数据管理服务

第十七条　各级农业农村部门要组织引导符合条件的家庭农场纳入名录系统管理，及时更新名录系统信息，积极申请"一码通"赋码，为做好家庭农场指导服务工作提供有效数据支撑。

第十八条　鼓励家庭农场积极应用"一码通"赋码，可以通过在产品外包装上增印"一码通"编码、亮码经营等方式，供消费者和合作方便捷获取家庭农场及产品信息，提升家庭农场信誉度和知名度。

第十九条　名录系统数据库由农业农村部委托有关单位集中统一管理，确保信息安全。各级农业农村部门应当建立名录系统数据使用审批制度，在确保数据安全的基础上，通过集成推送等方式，为家庭农场搭建公共服务平台，提供便利服务。

第五章　附则

第二十条　省级农业农村部门可依据本制度，制定家庭农场"一码通"管理服务实施细则。

第二十一条　本制度由农业农村部农村合作经济指导司负责解释，自公布之日起施行。

附件2

家庭农场"一码通"编码(样码)

NJ411481D8X00MENW8

附件3

家庭农场"一码通"赋码申请审核表

审核单位（盖章）：

序号	家庭农场名称	申请赋码信息	审核结果（不通过需说明理由）
1		1. 地址 2. 示范农场 3. 主营类型 ……	
2			
3			
……			

审核人：　　　　　　　　审核日期：

内蒙古自治区家庭农牧场认定工作意见

按照农业部《关于促进家庭农场发展的指导意见》（农经发〔2014〕1号）文件要求，为了加快构建新型农牧业经营体系，积极培育和发展"家庭农牧场"这一新型农牧业经营主体，提高农牧业规模化、集约化、商品化生产经营水平，规范家庭农牧场管理，现根据我区实际提出家庭农牧场认定工作意见如下。

一、家庭农牧场的组织形式及特征

家庭农牧场是以农牧户家庭为基本组织单位，以家庭成员为主要劳动力，以适度规模的农、林、牧、渔等产业为劳动对象，以高效的劳动、现代化的技术为生产要素，从事专业化、集约化农牧业生产，以农牧业收入为家庭主要收入来源，实行自主经营、自我积累、自我发展、自负盈亏和自我管理的新型农牧业经营实体。家庭农牧场经营者主要是农牧民或其他长期从事农牧业生产的人员，主要依靠家庭成员而不是依靠雇工从事生产经营活动。家庭农牧场专门从事农牧业种养专业化生产，具有农畜产品商品生产能力，经营主体职业化、规模适度化、管理规范化、生产标准化、经营市场化。

二、开展家庭农牧场认定的重要意义

由传统家庭小规模分散经营向家庭农牧场适度规模经营转变，是现代农牧业发展必由之路，是促进新农村新牧区建设和发展的重要举措。家庭农牧场作为新型农牧业经营主体，符合农牧业生产特点和家庭经营的特征，保留了农牧户家庭经营的内核，是构建新型农牧业经营体系的基础环节，是现代农牧业提升发展的内在要求。家庭农牧场将成为引领适度规模经营、发展现代农牧业的有生力量，也是保障重点农畜产品供给的主要力量。发展家庭农牧场，对坚持和完善农村牧区基本经营制度，发展适度规模经营、提高农牧业生产效益、增强市场竞争力意义重大。

开展家庭农牧场认定，其实质就是要使农牧业经营主体逐步成为具有资格的市场主体。开展家庭农牧场认定，对于推进家庭农牧场健康发展，建立家庭农牧场的管理制度，培育新型农牧业经营主体，将会产生积极的促进作用。有效认定家庭农牧场，是对其进行登记、管理、培育和扶持的基础。做好家庭农牧场的认定，有利于提高农牧户加大投入技术、资本等生产要素的积极性；有利于发展适度规模经营，提高农牧业集约化、专业化、社会化经营水平和产出效益；有利于巩固家庭联产承包责任制基础上的农牧业经营机制创新；有利于培育发展和壮大职业农牧民队伍。

各级农牧业部门要充分认识开展家庭农场认定的重要意义，要高度重视家庭农牧场认定工作，明确认定管理职责，针对我区农村牧区不同特点，农牧户现有经营规模不同的区域情况，制定符合当地的认定办法，切实将家庭农牧场认定工作纳入规范化、制度化轨道。在开展认定工作的同时，还要强化指导服务，完善扶持政策，优化发展环境，促进我区家庭农牧场健康发展。

三、家庭农牧场的认定标准

开展我区农村牧区家庭农牧场认定，原则上按照如下标准进行认定。

（一）家庭农牧场经营的产业须符合县域经济发展整体规划，以从事种养业为主，经营规模适度，相对集中连片，推广应用新品种、新技术，机械化操作水平较高，标准化程度较高，产品市场竞争力较强。

（二）家庭农牧场经营者应是年满十八周岁以上，接受过相应的农牧业技能培训，具有完全民事行为能力，可以独立进行民事活动，长期从事农牧业生产，依法享有农村牧区土地承包经营权的农牧户。

（三）以家庭成员为主要劳动力，无常年雇工或常年雇工数量不超过家庭从事农牧业生产经营人员数量。

（四）以农牧业收入为家庭的主要收入来源，农牧业净收入占家庭农牧场总收益的80%以上。家庭经营收入相当于当地从事二三产业收入。

（五）家庭农牧场经营规模达到一定标准并相对稳定。

1. 从事粮油作物生产为主的，土地租期或承包期5年以上，经营规模相当于当地户均承包地面积的10~15倍。

2. 从事果业生产为主的，土地租期或承包期15年以上，且经营面积100亩以上。

3. 从事蔬菜生产为主的，土地租期或承包期5年以上，且设施蔬菜经营面积10亩以上，或露地蔬菜经营面积50亩以上。

4. 从事花卉种植为主的，土地租期或承包期5年以上，且设施花卉经营面积10亩以上，或露地花卉经营面积20亩以上。

5. 农区从事畜牧养殖为主的，养殖规模达到年出栏生猪500头以上或肉羊100只以上或肉牛50头以上。

6. 牧区从事畜牧业养殖为主的，养殖规模达到日历年度基础母羊存栏 300 只，或基础母牛存栏 100 头以上。

7. 从事家禽养殖为主的，肉鸡或肉鸭年出栏 5 000 羽以上、或肉鹅出栏 1 500 只以上，或蛋鸡年存栏 2 000 羽以上，或家禽混养年出栏 3 000 羽以上。

8. 从事渔业生产为主的，水面租期或承包期 5 年以上，且经营池塘面积 20 亩以上，或山塘、水库、湖泊面积 150 亩以上。

9. 其他从事种养结合等多种经营的，土地租期或承包期 5 年以上，年收入 10 万元以上。

以上标准供各地参考，各地可以根据当地实际情况上下浮动。

（六）以家庭承包和流转土地为主要经营载体。

家庭农牧场经营的土地须取得合法有效的农村牧区土地承包经营权证或土地经营权流转证明资料，且权属无争议。按依法自愿有偿的原则签订规范的土地流转合同，并在苏木乡镇农牧经部门（土地流转服务中心）备案；流转期限在 5 年以上，经营土地相对集中连片。

（七）从事畜禽养殖的家庭农牧场须取得"动物防疫条件合格证"，并进行畜禽养殖登记备案。

（八）家庭农牧场生产经营活动有完整的财务收支核算。

（九）管理方式先进，土地产出率、劳动生产率等效益明显提升，生产经营可持续，对周边农牧户具有明显示范带动作用。

四、家庭农牧场的认定程序

（一）符合家庭农牧场认定条件的农牧户，向当地苏木乡镇或旗县农牧业经营管理部门提出申请，并提交以下材料：

1. "家庭农牧场认定申请表"；
2. 家庭农牧场主户口本原件及三份复印件；
3. 土地承包、流转合同书原件及三份复印件。

（二）苏木乡镇或旗县农牧业经营管理部门收到申报人提交的申报材料后，对申报材料齐全、符合认定标准的，由农牧业经营管理部门组织人员现场勘察认定，在十个工作日内签署意见并附相关材料上报旗县（市、区）农牧业行政主管部门；对于申报材料不全或不符合认定标准的，不予受理，向申报人说明情况。

（三）旗县（市、区）农牧业行政主管部门对上报材料进行审核，对符合认定条件的，予以认定，颁发自治区统一样式的"内蒙古自治区家庭农牧场认定证书"（"内蒙古自治区家庭农牧场认定证书"式样另行通知）。

（四）旗县级农牧业行政主管部门要建立家庭农牧场档案管理制度，旗县级农牧业经营管理部门统一管理家庭农牧场相关档案及信息。旗县（市、区）农牧业经营管理部门每个季度第一个月的5日以前向盟市级农牧业经营管理部门备案上季度所认定的家庭农牧场，上报家庭农牧场备案表（附件2表）。盟市级农牧业经营管理部门在每年的1月10日和7月10日前，将所辖旗县认定的家庭农牧场名录（附件3）报自治区农牧业经营管理站。

（五）家庭农牧场每三年进行一次资格审核，对家庭农牧场实行动态管理，审核按照确定的认定标准、申报与认定程序进行。对已认定的家庭农牧场审核通过的，在"内蒙古自治区家庭农牧场认定证书"上签署通过审核意见；对已不符合家庭农牧场认定标准的，取消其家庭农牧场资格，并注销其"内蒙古自治区家庭农牧场认定证书"。

（六）在开展家庭农牧场认定工作基础上，各地要积极开展示范家庭农牧场创建活动，分级建立和发布示范家庭农牧场名录。自治区农牧业厅每年底在内蒙古自治区农牧业信息网站发布全区示范家庭农牧场名录。进入名录中的家庭农牧场可优先享受国家和自治区有关扶持政策。自治区级示范家庭农牧场标准另行制定。

五、支持家庭农牧场认定措施

（一）放宽名称认定条件

农牧户可以使用自己的姓名作为家庭农牧场的名号，在名称中必须使用"家庭农牧场"专有名词作为其组织形式。对达到一定规模的家庭农牧场，其名称可以申请冠以行政区划。依照自愿原则，家庭农牧场可自主决定办理工商注册登记，以取得相应市场主体资格。

（二）降低资本准入门槛

放宽出资条件，对申请认定的家庭农牧场，其家庭资产总额根据生产经营条件实行自行申报制，不受出资最低限额、出资方式、出资期限等限制。鼓励农牧户以实物、土地使用权、股权、债权、知识产权等形式投资设立家庭农牧场。家庭农牧场所拥有的固定资产能够保障其正常的生产经营运转。

（三）放宽住所认定条件

对申请认定的家庭农牧场住所，因生产经营场所在农村牧区而没有房管部门颁发的产权证明的，可提交所在地嘎查村民委员会出具的证明，即可申请办理认定。

（四）放宽生产经营方式

家庭农牧场办理相关手续后既可以开展单项农畜产品生产、加工、销售，也可以围绕相关产业开展综合生产、加工、销售。

（五）免收相关认定费用

对家庭农牧场认定实行"三免"手续，即免收认定费和证书工本费，免于提交验资报告和资产评估报告。

内蒙古自治区农牧业厅
2015年1月27日

关于开展自治区级示范家庭农牧场评定工作的通知

各盟市农牧业局：

为引导全区家庭农牧场规范健康发展，不断提高家庭农牧场经营管理水平，按照农业部《关于促进家庭农场发展的指导意见》（农经发〔2014〕1号）要求，决定开展自治区级示范家庭农牧场创建活动，更好地带动全区家庭农牧场的发展。现就申报评定相关工作通知如下。

一、充分认识创建示范家庭农牧场的意义

家庭农牧场是在农村牧区基本经营制度下，以家庭为单位发展适度规模经营的重要载体，是发展现代农牧业，保障粮食安全和农畜产品有效供给的新型农牧业经营主体。各级农牧业部门要按照"规范认定、逐级推荐、重点培育、动态管理"的原则，依托主导产业和特色产业，在做好家庭农牧场认定登记工作的基础上，通过完善服务、强化支持，培育产生一批产业特色明显、运作管理规范、示范带动作用大、社会影响力强的示范家庭农牧场，使之成为规模化、专业化、集约化、商品化水平较高的现代农牧业经营主体。

二、申报主体

申报自治区级示范家庭农牧场的必须符合《内蒙古自治区家庭农牧场认定工作意见》（内农牧法发〔2015〕16号）对家庭农牧场的基本要求（基层农牧业部门反映，对大部分养殖类家庭农牧场没有发放防疫证书，对养殖类家庭农牧场具有防疫合格证的要求应放宽，在家庭农牧场认定初期可以不做要求，对示范性家庭农牧场也不要求），并已经旗县级农牧业行政主管部门认定，并已颁发"内蒙古自治区家庭农牧场认定证书"。原则上自治区级示范家庭农牧场应在盟市级示范家庭农牧场的基础上申报。

三、评定标准

自治区级示范家庭农牧场应达到以下标准。

（一）经营规模：符合《内蒙古自治区家庭农牧场认定工作意见》的经营规模，土地承包经营权流转期限应在5年以上（以流转合同为准）。

（二）基础设施：有基本的生产配套设施和必要的机械设备，机械化程度高于当地平均水平。养殖场废弃物处理设施齐全，污染物排放达到环保要求。

（三）经营者：家庭农牧场经营者从事种植、养殖、种养结合等生产经营活动3年以上。掌握较先进的农牧业生产、管理技能，经过新型职业农牧民等培训。无经营违法不良记录。

（四）生产管理：采用较先进的生产管理标准或规范，能够实行质量安全管理，生产记录完整。

（五）市场销售：产品销售渠道较稳定，实现了订单生产与销售或纳入了农商、农超、农社对接等营销网络的优先。

（六）财务管理：有完整的财务收支记录和销售记录，能真实准确地反映家庭农牧场生产经营状况。

（七）示范效果：家庭农牧场收入为家庭主要收入来源，农牧业收入占到其家庭经营总收入的80%以上，家庭农牧场人均年经营纯收入超过所在旗县（市、区）城镇居民收入水平。在科技运用、生产技能、经营模式、管理水平等方面对周边农牧户具有较强的示范效应。

（八）在同等条件下，满足下列条件的家庭农牧场可优先评定为自治区级示范家庭农牧场：

1. 家庭农牧场拥有自己的注册商标与品牌；

2. 取得无公害农产品、绿色农产品、有机农产品以及获得盟市级（含盟市级）以上著名商标或名牌产品。

四、申报程序

自治区级示范家庭农牧场评定实行家庭农牧场申报、旗县推荐、盟市审查、自治区评定。

1. 申报。符合条件的家庭农牧场填写"自治区级示范家庭农牧场申报表"，向旗县农牧业行政主管部门（或农牧业经营管理部门）申报，并按要求提供相关资料。

2. 推荐。旗县农牧业行政主管部门（或农牧业经营管理部门）负责对提出申请的家庭农牧场进行实地查看，申报条件要符合评定标准要求。按照盟市要求数量，优中选优，将符合标准要求的家庭农牧场以正式文件向盟市农牧业行政主管部门推荐。

3. 审查。盟市农牧业行政主管部门组织相关行业人员，对旗县推荐的示范家庭农牧场进行审查,审查合格的填写示范家庭农牧场汇总表,以正式文件报自治区农牧业厅。

4. 评定。自治区农牧业厅组织相关专家组成专家评审组,对各盟市上报材料进行评审,形成自治区示范家庭农牧场的拟定名单,并通过自治区农牧业信息网进行公示。经公示无异议的,由自治区农牧业厅命名为"内蒙古自治区示范家庭农牧场",发文公布并颁发证书,建立自治区级示范家庭农牧场名录。

五、其他要求

(一)旗县、盟市级农牧业行政主管部门要切实履行职责,严格执行评定标准,择优确定示范家庭农场候选名单,将代表当地较高水平的家庭农牧场推选上来。

(二)将示范家庭农牧场评审与后期监测结合起来,自治区级示范性家庭农牧场实行动态管理,评定结果有效期为三年,有进有出,动态监管,为我区现代农牧业发展打造一支有活力的经营主体力量。

(三)各地要加大对家庭农牧场经营者的培训力度,农牧业经营管理部门与科教部门紧密合作,将家庭农牧场经营者培训纳入"新型职业农民培育工程",共同确立培训目标、培训内容。特别是示范家庭农牧场,在评定前和评定后要实现培训全覆盖。

(四)各盟市农牧业行政主管部门将自治区级示范家庭农牧场申报表、汇总表、申报文件及其他申报材料(文本一份及电子版)一并于8月20日前报送自治区农牧业经营管理站。

联系人:池桂娟
联系电话:0471-6652084
电子邮箱:nmyjgz@163.com

关于加快培育发展家庭农牧场的指导意见

为全面贯彻落实中央农办、农业农村部等11个部委联合印发的《关于实施家庭农场培育计划的指导意见》（中农发〔2019〕16号），加快培育发展家庭农牧场，壮大农牧业新型经营主体，促进小农牧户与现代农牧业发展有机衔接，推动农牧业农村牧区高质量发展，结合自治区实际，现提出如下意见。

一、总体要求

以习近平新时代中国特色社会主义思想为指导，全面贯彻党的十九大和十九届二中、三中、四中全会精神，深入学习贯彻习近平总书记关于"三农"工作重要论述和关于内蒙古工作重要讲话重要指示精神，以开展家庭农牧场示范创建为抓手，以建立健全指导服务机制为支撑，以完善政策支持体系为保障，坚持农牧户主体、规模适度、市场导向、因地制宜、示范引领，遵循家庭农牧场发展规律，按照"发展一批、规范一批、提升一批、推介一批"的思路，加快培育一批规模适度、生产集约、管理先进、效益明显的家庭农牧场，推动家庭农牧场高质量发展，为促进乡村全面振兴、实现农牧业农村牧区现代化夯实基础。到2020年底，支持家庭农牧场发展的政策体系基本建立，管理制度和指导服务机制更加完善，家庭农牧场数量稳步提升，县级以上示范家庭农牧场达到3 000家；到2022年底，支持家庭农牧场发展的政策体系和管理制度进一步完善，家庭农牧场生产经营能力和带动能力得到巩固提升，县级以上示范家庭农牧场达到4 000家。

二、加强培育和管理

（一）明确家庭农牧场培育对象。家庭农牧场是以家庭成员为主要劳动力，以家庭为基本经营单元，从事农牧业规模化、标准化、集约化生产的新型经营主体。要鼓励有稳定务农意愿和经营能力的农牧户通过流转土地和草牧场扩大经营规模，创办家庭农牧场。将种养大户和专业大户列入家庭农牧场培育范围，支持其转变经营方式，加强基础设施建设，发展成为家庭农牧场。（自治区农牧厅、林业和草原局负责）

（二）因地制宜确定经营规模。以旗县为单位，结合县域农牧业发展水平和农牧户经营管理能力，立足土地草牧场资源条件，突出地方特色优势产业，综合考虑农畜产品市场需求，科学确定本旗县家庭农牧场土地草牧场经营规模和牲畜饲养规模，发展规模适度的家庭农牧场，取得规模效益。（自治区农牧厅、林业和草原局负责）

（三）鼓励各类人才创办家庭农牧场。以政策吸引、事业凝聚、乡情乡愁为纽带，引导乡村本土能人、有返乡创业意愿和回报家乡愿望的外出农牧民工、退伍军人、大中专毕业生等领办家庭农牧场。对于各类人才回乡、下乡创办家庭农牧场的，给予优先承租流转土地和草牧场、提供贴息贷款等方面的支持。要实施青年农牧场主培养计划，对青年农牧场主进行重点培养和创业支持。（自治区农牧厅、教育厅、科学技术厅、人力资源社会保障厅、林业和草原局等负责）

（四）继续做好认定登记注册工作。县级农牧部门要坚持自愿依法依规原则，简化审批程序，放宽准入门槛，将符合条件的种养大户、专业大户认定为家庭农牧场，并逐步实现由认定管理向名录管理转变。市场监管部门要加强家庭农牧场登记注册指导，提高登记注册工作效率，必要时提供上门服务。农牧部门和市场监管部门要强化工作衔接，建立家庭农牧场数据信息共享机制。（自治区市场监督管理局、农牧厅等负责）

（五）加强家庭农牧场名录管理。加快建立家庭农牧场名录管理制度，把符合条件的种养大户、专业大户纳入家庭农牧场范围，全部填报到全国家庭农场名录系统。要完善家庭农牧场名录信息，逐步规范数据采集、示范评定、运行分析等工作，对家庭农牧场名录实行动态更新，对经营不善或已不符合家庭农牧场相关要求的，取消其家庭农牧场名录登记信息。（自治区农牧厅、林业和草原局等负责）

三、强化示范引领

（一）继续推动示范家庭农牧场创建。按照"自愿申报、择优推荐、逐级审核、动态管理"的原则，鼓励各类家庭农牧场申报创建县级示范家庭农牧场，通过逐级审核，由旗县农牧部门择优认定部分家庭农牧场为示范家庭农牧场。同时，分期分批对示范家庭农牧场给予资金和项目扶持，引导其发展适度规模经营、应用先进技术、实施标准化生产、延伸农牧业产业链价值链，示范引领其他家庭农牧场提升发展质量和水平，带动小农牧户逐步发展成为家庭农牧场，实现小农牧户与现代农牧业发展有机衔接。（自治区农牧厅、林业和草原局等负责）

（二）开展家庭农牧场示范县创建。结合实施乡村振兴战略，充分考虑农区、牧区、半农半牧区、林区、城镇郊区产业发展特点，依托乡村振兴示范区、农业高质量发展先行区、现代农牧业示范区等，支持开展种植业、养殖业、种养结合、设施农业等各具特色的家庭农牧场示范旗县创建，探索系统推进家庭农牧场发展的政策体系和工作机制，整县推进家庭农牧场发展，整体提升家庭农牧场发展水平。（自治区农牧厅、林业和草原局等负责）

（三）总结推广典型经验。各地要按照可学习、易推广、能复制的要求，树立一批不同类型家庭农牧场发展范例，总结推广培育家庭农牧场的好经验、好模式，鼓励发展种养结合型、生态循环型、机农一体型、产业融合型家庭农牧场。每年要召开一次家庭农牧场发展现场推进会，现场指导和推动全区家庭农牧场发展。要按照国家有关规定，对为家庭农牧场发展作出突出贡献的单位、个人进行表彰。要学习借鉴区外发展家庭农牧场的先进经验，因地制宜推广家庭农牧场好的发展模式。（自治区农牧厅、人力资源和社会保障厅、林业和草原局等负责）

（四）推动家庭农牧场发展合作经营。积极引导家庭农牧场领办或加入农牧民合作社，扩大生产经营规模，提升生产经营水平。探索推广家庭农牧场与龙头企业、社会化服务组织的合作方式，创新利益联结模式，建立紧密型利益联结机制。鼓励有条件的地方组建家庭农牧场协会或联盟，提高家庭农牧场市场竞争力和现代化水平。（自治区农牧厅、林业和草原局等负责）

四、完善扶持政策

（一）依法保障家庭农牧场土地经营权。健全土地经营权流转服务体系，鼓励土地经营权有序向家庭农牧场流转。健全县乡两级土地流转服务平台，做好政策咨询、信息发布、价格评估、合同签订等服务工作。健全纠纷调解仲裁体系，有效化解土地流转纠纷。依法保护土地流转双方权利，引导土地流转双方合理确定租金水平，稳定土地流转关系，有效防范家庭农牧场租地风险。家庭农牧场通过依法流转取得土地经营权，经与承包方签订书面合同，并向发包方备案，可以向金融机构融资担保。（自治区农牧厅、人民银行呼和浩特中心支行、银保监局、林业和草原局等负责）

（二）不断加强家庭农牧场基础设施建设。鼓励家庭农牧场参与粮食生产功能区、重要农畜产品生产保护区、特色农畜产品优势区和现代农业产业园建设。农区要重点支持家庭农牧场参与以高效节水为基础的高标准农田建设，牧区要重点支持家庭农牧场加强草原保护建设和饲草料基地、牲畜棚圈和储草棚建设。要强化家庭农牧场用地保障，通过多种方式加大对家庭农牧场建设仓储、晾晒场、保鲜库、农机库棚等设施用地支持，坚决查处违法违规在耕地上进行非农建设的行为。鼓励家庭农牧场自建或与其他农牧业经营主体共建集中育秧、仓储、烘干、晾晒以及保鲜库、冷链运输、农机库棚等基础设施。支持家庭农牧场发展农畜产品加工业，延伸产业链，增加附加值。（自治区农牧厅、发展改革委、财政厅、自然资源厅、林业和草原局等负责）

（三）完善和落实财政税收政策。落实县级以上示范家庭农牧场中央补助资金，鼓励有条件的盟市、旗县安排一定财政预算资金，采取以奖代补等方式，扶持家庭农牧场发展，并逐年扩大家庭农牧场受益面。鼓励符合条件的家庭农牧场作为项目申报和实施主体参与涉农涉牧项目建设。支持家庭农牧场参与农牧业区域品牌和"蒙字号"产品品牌创建，开展"三品一标"农畜产品认证。对符合条件的家庭农牧场给予农业用水精准补贴和节水奖励。符合税法规定的家庭农牧场生产经营活动可享受有关农牧业和小微企业减免税收政策。鼓励有条件的地方引导家庭农牧场经营者参加城镇职工社会保险。（自治区财政厅、水利厅、农牧厅、税务局、林业和草原局等负责）

五、加强培训服务

（一）加强面向家庭农牧场的社会化服务。立足家庭农牧场发展需要，培育发展专项服务型和综合服务型的服务组织，鼓励公益性服务机构向家庭农牧场提供技术推广、质量检测检验、疫病防控等公益性服务，支持经营性服务组织为家庭农牧场提供耕种防收等生产性服务。鼓励农业科研人员、农技推广人员通过技术培训、定向帮扶等方式，为家庭农牧场提供技术服务。支持供销合作社发挥自身组织优势，通过多种形式服务家庭农牧场。探索发展农牧业专业化人力资源中介服务组织，解决家庭农牧场临时性用工需求。（自治区农牧厅、财政厅、科学技术厅、人力资源社会保障厅、林业和草原局、供销合作社等负责）

（二）开展家庭农牧场经营者培训。自治区和各盟市要编制培训规划，县级农牧部门要制定培训计划，使家庭农牧场经营者至少每三年轮训一次。各地要把家庭农牧场经营者培训作为涉农培训的重要任务，采取理论培训、经验交流、参观考察和跟踪服务等相结合的培训模式，着力提升家庭农牧场发展能力。支持各地依托涉农院校和科研院所、农牧业产业化龙头企业、各类农牧业科技和产业园区等，采取田间牧场项目教学、情景教学和工作过程

导向教学的方式开展培训。（自治区农牧厅、教育厅、林业和草原局等负责）

（三）完善家庭农牧场金融保险服务。鼓励金融机构针对家庭农牧场开发专门的信贷产品，在商业可持续的基础上优化贷款审批流程，合理确定贷款的额度、利率和期限，拓宽抵质押物范围。开展家庭农牧场信用等级评价工作，鼓励金融机构对资信良好、资金周转量大的家庭农牧场发放信用贷款。自治区各级农业信贷担保机构要在加强风险防控的前提下，扩大对家庭农牧场的业务覆盖，增强家庭农牧场贷款的可得性。建立健全农牧业保险保障体系，继续实施农业大灾保险、玉米完全成本保险和收入保险试点，有效满足家庭农牧场的风险保障需求。鼓励开展家庭农牧场综合保险试点。（人民银行呼和浩特中心支行、财政厅、银保监局、农牧厅、林业和草原局等负责）

（四）支持发展"互联网+"家庭农牧场。加强互联网进村入户工程建设，提升家庭农牧场经营者互联网应用水平。支持供销合作社等延伸乡村物流服务网络，加强电商服务站点建设，建立寄递企业、电商企业、供销合作社等协同服务家庭农牧场机制，为家庭农牧场提供专业化、精准化的信息服务，推动电子商务平台通过降低入驻和促销费用等方式，支持家庭农牧场发展农村牧区电子商务，实现优质农畜产品上网销售。鼓励发展互联网云农牧场等模式，帮助家庭农牧场合理安排生产计划、优化配置生产要素。（自治区商务厅、农牧厅等负责）

六、强化保障措施

（一）加强组织领导。各地各部门要充分认识家庭农牧场发展在农牧业农村牧区现代化中的重要作用，把促进家庭农牧场发展列入重要议事日程，制定本地区家庭农牧场培育计划并部署实施。旗县、苏木乡镇政府要针对当前家庭农牧场发展面临的困难和问题，在工作部署、财力投放等各个方面加大工作力度，确保各项政策落到实处。

（二）加强统筹协作。各级政府要建立促进家庭农牧场发展的综合协调工作机制，推动各部门各司其职、密切配合，强化细化工作措施。农牧部门要认真履行指导职责，牵头做好综合协调工作，会同财政部门统筹做好家庭农牧场财政支持政策；自然资源部门负责落实家庭农牧场设施用地等政策支持；市场监管部门负责在家庭农牧场注册登记、市场监管等方面提供支撑；金融部门负责在信贷、保险等方面提供政策支持；其他有关部门依据各自职责，加强对家庭农牧场支持和服务。

（三）加强宣传引导。大力宣传发展家庭农牧场的相关政策和任务要求，密切跟踪家庭农牧场发展状况，系统总结和宣传家庭农牧场发展中出现的好典型、好案例以及各地发展家庭农牧场的好经验、好做法，为家庭农牧场发展营造良好社会舆论氛围。

内蒙古自治区党委农村牧区工作领导小组办公室

内蒙古自治区农牧厅

内蒙古自治区发展改革委

内蒙古自治区财政厅

内蒙古自治区自然资源厅

内蒙古自治区商务厅

内蒙古自治区市场监督管理局

内蒙古自治区林业和草原局

内蒙古自治区供销合作社联合社

中国人民银行呼和浩特中心支行

中国银行保险监督管理委员会内蒙古监管局

2020年5月12日

附录2　江苏、上海家庭农牧场促进发展条例

江苏省家庭农场促进条例

(2023年9月27日江苏省第十四届人民代表大会常务委员会第五次会议通过)

第一条　为了促进家庭农场高质量发展,引导农业适度规模经营,推进农业现代化和乡村振兴,根据《中华人民共和国乡村振兴促进法》《中华人民共和国农村土地承包法》等法律、行政法规,结合本省实际,制定本条例。

第二条　本省行政区域内促进家庭农场发展的扶持、指导、服务、规范等活动,适用本条例。

本条例所称家庭农场,是指以家庭为基本经营单元,从事农业适度规模经营,以农业生产经营收入为家庭重要收入来源的新型农业经营主体。

第三条　县级以上地方人民政府应当将家庭农场发展纳入农业农村专项规划,制定促进家庭农场发展政策措施,统筹协调推动家庭农场发展。

乡镇人民政府、街道办事处按照职责做好本区域内家庭农场促进相关工作。

村民委员会、居民委员会、农村集体经济组织应当协助做好家庭农场促进相关工作。

第四条　农业农村部门主管本行政区域内家庭农场促进工作,协调落实相关政策措施,组织开展促进家庭农场发展的扶持、指导、服务、规范等工作。

发展改革、教育、科技、财政、人力资源社会保障、自然资源、生态环

境、水利、商务、文化和旅游、政务服务、市场监管、粮食和储备、金融监管、林业、税务、气象、邮政管理、消防救援、供销合作社等有关部门和单位，应当按照各自职责做好家庭农场促进相关工作。

第五条　家庭农场按照国家和省有关规定实行名录管理，纳入名录的家庭农场按照规定享受相关扶持政策。

省农业农村部门应当制定家庭农场名录管理办法，明确名录录入条件、内容和程序等要求。

县级农业农村部门应当将符合录入条件的农业经营主体纳入家庭农场名录，对不再符合录入条件的及时移除。家庭农场名录应当定期向社会公布。

对家庭农场名录有异议的，可以向县级农业农村部门提出，县级农业农村部门应当及时进行处理。

第六条　家庭农场可以自主决定向市场主体登记机关申请办理市场主体登记。

鼓励家庭农场依法组建或者加入农民专业合作社，发起或者加入家庭农场服务联盟。鼓励家庭农场按照规定参与组建基层供销合作社。

市场主体登记机关以及农业农村、供销合作社等有关部门和单位应当提供便利化服务和指导。

第七条　鼓励有长期稳定务农意愿的农户稳步扩大经营规模，创办家庭农场。

鼓励乡村本土能人、返乡创业的外出务工农民、大中专毕业生、退役军人、专业技术人员等创办家庭农场。

第八条　农业农村部门应当健全完善农村产权交易市场功能，为家庭农场通过流转取得土地经营权提供政策咨询、信息发布、合同签订等服务。

鼓励家庭农场通过农村产权交易市场流转取得承包农户、农村集体经济组织等的土地经营权。

第九条　土地经营权流转的方式、期限、价款以及相关投资补偿、违约责任、期满续约等具体内容，由流转双方依法平等协商确定并签订土地经营权流转合同。

农业农村部门应当推广使用国家和省发布的土地经营权流转合同示范文本。

第十条　农业农村部门应当采取措施稳定土地经营权流转关系，引导流转双方在承包期内签订中长期流转合同。

家庭农场依法取得流转期限为五年以上土地经营权的，可以申请土地经营权登记。

第十一条　省农业农村部门应当通过授权发布土地经营权流转价格指数等方式，引导土地经营权流转双方合理确定流转价款。鼓励实行实物计租、货币结算。

鼓励建立土地经营权流转用于粮食规模经营的流转价款形成机制，保障双方合理收益。

第十二条　农业农村部门应当根据自然经济条件、农村劳动力转移情况、农业机械化水平等因素，引导家庭农场发展适度规模经营，防止单个家庭农场通过流转大规模集中土地经营权。

第十三条　经土地经营权流出方同意，家庭农场依法投资改良土壤，建设农业生产附属、配套设施，以及农业生产中直接用于作物种植和畜禽水产养殖的设施，可以获得合理补偿。具体补偿办法可以在土地经营权流转合同中约定或者由双方协商确定。

第十四条　县级以上地方人民政府应当制定政策措施，引导和支持家庭农场种植粮油作物、养殖畜禽水产，发挥家庭农场在实现粮食和重要农产品稳产保供等方面的作用。

鼓励和支持家庭农场发展设施农业、休闲农业、智慧农业和农村电子商务等新产业、新业态，建设仓储保鲜冷链物流设施，开展农业社会化服务。

鼓励和支持家庭农场开展绿色食品、有机农产品、地理标志农产品认证和品牌建设。

第十五条　农业农村部门应当鼓励和引导各类农业社会化服务组织，开展面向家庭农场的农资配供、代耕代种代收、病虫害防治、灌溉排水、贮藏保鲜、加工销售等农业社会化服务。

鼓励供销合作社在农资供应、农产品流通等方面，为家庭农场提供便利实惠、安全优质的农业综合社会化服务。

第十六条　农业农村部门应当指导家庭农场加强农业生产和农产品质量安全管理，依法建立农产品生产记录和质量安全台账，执行农产品质量安全追溯制度。

第十七条　农业农村部门应当指导家庭农场运用绿色生产方式，发展生态循环农业，加强农作物秸秆综合利用、农田退水治理和畜禽粪污资源化利用，依法处置废旧农膜和农药肥料包装废弃物，保护农产品产地环境。

鼓励家庭农场使用绿色高效施肥、病虫害绿色防控产品和技术，精准施肥施药，实现农业投入品减量增效。

第十八条　农业农村部门应当指导家庭农场以纸质或者电子方式记录财务收支情况，核算生产经营成本，提升经营管理水平。

第十九条　地方各级人民政府应当按照国家和省有关规定，对家庭农场集中育秧、仓储、晾晒烘干、冷藏保鲜、农机放置、农产品初加工等用地，以及发展休闲农业、乡村旅游等农村一二三产业融合发展用地给予统筹支持安排。

县级人民政府应当按照国家和省规定的用地标准，优先保障从事粮油作物规模种植的家庭农场附属设施合理用地需求。

第二十条　县级人民政府应当根据家庭农场产业发展、经营规模以及生产生活服务需求，规划和扶持家庭农场集群服务中心、综合农事服务中心等区域性农业综合服务平台建设，为粮食和重要农产品生产提供配套服务。

县级人民政府可以按照区域性农业综合服务平台的服务半径和服务功能，安排建设用地，推进土地节约集约利用。

支持农村集体经济组织、农民专业合作社、家庭农场、农业产业化龙头企业、家庭农场服务联盟、基层供销合作社等主体参与区域性农业综合服务平台建设。

第二十一条　县级以上地方人民政府应当统筹安排相关资金，支持家庭农场建设农业生产基础设施、污染防治设施，应用数字化农业技术，提升物质技术装备水平，以及开展质量认证、品牌建设、技术创新与推广、农产品展销、人员培训等。

县级以上地方人民政府应当发挥乡村振兴投资基金等涉农基金作用，支持家庭农场发展。

第二十二条　农业农村、科技等有关部门应当将适合家庭农场实施的农业科研和推广项目纳入支持范围，引导有条件的家庭农场建设科技试验示范基地、参与实施农业技术研究和推广活动，对符合条件的家庭农场推广新品种、新技术、新装备、新模式提供优先支持。

鼓励高等院校、科研院所、农业技术推广机构、现代农业产业园、农业产业化龙头企业、社会组织等为家庭农场提供农业科技服务。

第二十三条　县级以上地方人民政府用于支持农业和农村经济发展的建设项目，可以按照规定委托有条件的家庭农场实施。各级财政支持的小型农业项目可以按照规定委托家庭农场作为建设管护主体。

鼓励家庭农场参与农村水利建设，承担农田水利工程管护、用水管理，以及为种植业、养殖业提供灌溉排水等涉农用水服务。

鼓励家庭农场参与特色农产品优势区、现代农业产业园等各类涉农产业园建设。

第二十四条　鼓励和支持金融机构针对家庭农场，开发和推广低门槛、低成本、易申请、高效率并与农业生产周期相匹配的流动资金贷款产品、中长期贷款产品，完善信用建档评级，增加对家庭农场的信用贷款，扩大家庭农场贷款覆盖面。

第二十五条　县级以上地方人民政府应当推动构建涵盖财政补贴基本险、商业险和附加险等的农业保险产品体系，为家庭农场提供差异化、多层次的风险保障服务。

地方各级人民政府应当为家庭农场参加政策性农业保险提供便利，支持家庭农场参加种植业、养殖业等相关农业保险。

鼓励保险机构在政策性农业保险之外，为家庭农场提供土地经营权流转履约保证，农作物生产和农产品运输、储存、加工、销售等商业保险保障服务。

保险事故发生后，保险机构应当依法及时作出核定，按照约定履行赔偿义务。

第二十六条　农业农村、商务、供销合作社等有关部门和单位应当组织开展产销对接活动，帮助家庭农场拓展农产品销售渠道。

鼓励电子商务平台采取降低入驻门槛和促销费用等措施，支持家庭农场发展农产品线上销售。

第二十七条　家庭农场从事种植、畜禽养殖、水生动物养殖捕捞、农产品初加工的用电，以及在农村建设的仓储保鲜设施用电，执行农业生产用电价格政策。

鼓励家庭农场采取农艺节水、工程节水等节水措施。对符合条件的家庭农场按照规定给予农业用水精准补贴和节水奖励。

第二十八条　家庭农场按照规定享受税收、有关行政事业性收费减免的优惠政策。

税务等有关部门应当为家庭农场办理涉税、减费事项提供便利。

第二十九条　农业农村部门应当会同教育、人力资源社会保障等有关部门，加强家庭农场生产经营人才培养，支持家庭农场经营者参加农业相关学历教育和职业技能培训。

鼓励高等院校、科研院所、农业技术推广机构、农业产业化龙头企业、社会组织等采取集中培训、田间实训、跟踪指导等方式，为家庭农场提供培训服务，帮助家庭农场生产经营人员提高职业技能水平。

第三十条 家庭农场经营者按照规定参加社会保险。

鼓励家庭农场经营者通过参加企业职工基本养老保险或者缴纳较高档次城乡居民基本养老保险等方式提高保障水平。

第三十一条 农业农村等部门和单位、乡镇人民政府、街道办事处应当对家庭农场开展专业辅导、法律法规宣讲和政策解读，引导家庭农场规范经营管理。

县级农业农村部门应当会同乡镇人民政府、街道办事处，建立、充实新型农业经营主体辅导员队伍，为家庭农场提供农业技术、财务会计、市场营销、绿色发展等辅导、服务。

第三十二条 农业农村部门通过开展示范家庭农场评定、定期运行监测、动态调整，按照规定给予示范家庭农场政策扶持等方式，发挥示范家庭农场在发展适度规模经营、应用先进技术、实施标准化生产、提高农产品质量等方面的引领带动作用。

鼓励和支持社会组织在农业农村等部门和单位指导下开展家庭农场宣传推介活动，树立家庭农场发展典型。

第三十三条 地方各级人民政府应当将家庭农场发展情况纳入乡村振兴促进工作内容，依法向本级人民代表大会报告。

财政、审计、农业农村等有关部门应当依法对家庭农场获得的财政补助资金使用情况和绩效实施监督。

第三十四条 农业农村等部门和单位应当建立健全协作机制，依托公共数据平台共享家庭农场相关信息。

第三十五条 农业农村等部门和单位应当按照国家和省有关规定记录家庭农场生产经营活动中产生的信用信息，并依法向公共信用信息系统归集。

第三十六条 县级以上地方人民政府应当健全完善农村土地承包经营纠纷调解仲裁体系，有效化解农村土地承包经营纠纷。

家庭农场因土地经营权发生纠纷的，当事人可以通过协商解决，也可以请求村民委员会、居民委员会、乡镇人民政府、街道办事处等调解解决；不愿协商、调解或者协商、调解不成的，可以依法向农村土地承包仲裁机构申请仲裁，也可以直接向人民法院起诉。

第三十七条 对在家庭农场促进工作中作出突出贡献的单位和个人，按照国家和省有关规定予以表彰和奖励。

政府有关部门和工会、共产主义青年团、妇女联合会等人民团体在实施相关荣誉表彰时，应当按照国家和省有关规定将家庭农场及其经营者纳入评选对象范围。

第三十八条　家庭农场应当遵守农村土地用途管制、耕地保护、农田水利管理、生态环境保护、农产品质量安全管理、植物新品种权保护等相关规定，不得有下列行为：

（一）擅自将流转经营土地再流转给第三方；

（二）损害农田水利、林网等基础设施；

（三）从事掠夺性经营，损害土地、其他农业资源和生态环境；

（四）擅自改变流转经营土地的农业用途；

（五）采取弄虚作假、隐瞒真实情况等手段，套取政府扶持项目和资金；

（六）违反法律、法规的其他行为。

家庭农场有前款所列行为的，依法承担法律责任；三年内不得评定为示范家庭农场，已经被评定为示范家庭农场的，取消其示范家庭农场称号。

第三十九条　地方各级人民政府、有关部门和单位的工作人员在家庭农场促进工作中滥用职权、玩忽职守、徇私舞弊的，依法给予处分；构成犯罪的，依法追究刑事责任。

第四十条　本条例自 2024 年 1 月 1 日起施行。

上海市促进家庭农场发展条例

（2020年11月27日上海市第十五届人民代表大会常务委员会第二十七次会议通过）

第一条　为了保障本市家庭农场健康发展，维护家庭农场合法权益，发挥家庭农场的农业经营主体作用，促进农业增效、农民增收、农村发展，推进乡村振兴战略实施，根据有关法律、行政法规，结合本市实际，制定本条例。

第二条　本条例适用于本市行政区域内家庭农场的生产经营以及相应的扶持、指导、服务与规范等活动。

本条例所称家庭农场是指以家庭成员为主要劳动力，以家庭为基本经营单元，从事农业规模化、标准化、集约化生产经营的主体。

第三条　市、区人民政府应当建立健全支持家庭农场健康发展的体制机制，制定政策措施，促进家庭农场适度规模经营和高质量发展。

农业农村部门是本市家庭农场的主管部门，负责本行政区域内涉及家庭农场相关政策的拟定和协调落实，承担家庭农场发展的扶持、指导、服务、规范等相关工作。

发展改革、财政、市场监管、规划资源、商务、金融、人力资源社会保障、绿化市容（林业）、科技、文化旅游、生态环境、水务、气象等部门应当按照各自职责，做好促进家庭农场发展的相关工作。

镇（乡）人民政府负责对家庭农场生产经营的服务指导和规范管理的日常工作。

第四条　本市实行家庭农场名录制度。家庭农场可以按照规定纳入名录库享受相关扶持政策，也可以根据经营情况退出名录库。

市农业农村部门制定本市家庭农场纳入名录库的基本要求，基本要求可以包括主要经营者的成员条件、技能水平、劳动力结构，以及土地经营权获取、经营范围与规模等事项。

区农业农村部门可以根据市农业农村部门的基本要求，结合当地资源条件、行业特征、农产品品种特点等实际，对本区纳入家庭农场名录库的具体要求作出细化规定。

市、区农业农村部门应当将家庭农场纳入名录库的相关要求、扶持措施及入库的家庭农场名录向社会公开，并实行动态更新。

第五条　家庭农场合法权益受法律保护，任何单位和个人不得侵犯。

家庭农场依法可以享受国家和本市的直接补贴和项目支持。对国家和本市财政直接补助形成的生产经营资产享有占有、使用和收益的权利，并可以按照规定进行处分。

第六条　本市坚持农村土地集体所有、维护农村土地承包权益，保障农村土地经营权向家庭农场有序流转。

市、区农业农村部门应当优化农村土地经营权流转服务体系，健全农村土地经营权公开流转平台，并做好相关政策咨询、信息发布、价格指导等工作。

镇（乡）人民政府应当按照促进家庭农场发展的原则，结合合理利用土地、农作物生长特点和保持土地经营权流转关系相对稳定等需求确定流转期限，流转期限原则上不低于三年。

市、区农业农村部门应当健全完善农村土地经营纠纷调解、仲裁体系，有效化解土地经营权流转纠纷。

第七条　家庭农场应当通过农村土地经营权公开流转平台获取农村土地经营权，并签订土地经营权流转合同，明确流转期限、土地用途、流转价格等内容。推广使用农村土地经营权流转合同示范文本。

家庭农场依法取得流转期限为五年以上土地经营权的，可以持取得土地经营权的相关材料以及其他必要材料申请土地经营权首次登记。

第八条　区、镇（乡）人民政府应当在符合国土空间规划和农业相关规划的前提下，对家庭农场用于仓储、晾晒、冷藏保鲜、农机放置、农产品初加工等设施用地给予统筹支持和合理安排。

镇（乡）人民政府应当通过资源统筹等方式帮助家庭农场解决烘干晾晒、贮藏保鲜、农机服务以及相关设施、设备的保障和更新等问题。

第九条　市、区人民政府应当采取措施，培育农业社会化服务组织，引导其开展面向家庭农场的病虫害统防统治、肥料统配统施、机械化生产、灌溉排水、贮藏保鲜等服务。

第十条　市、区人民政府应当将促进家庭农场发展的经费纳入本级财政预算，通过财政补助、贷款贴息、先建后补等方式，重点用于支持家庭农场基础设施建设、农业生产设施建设、质量标准认证、市场营销、技术创新与推广、人员培训等事项。

第十一条　金融管理部门应当按照国家要求推进普惠金融发展，鼓励银行业金融机构在风险可控的前提下,增加对家庭农场的信贷支持力度。

鼓励金融机构建立适合家庭农场特点的授信制度,开展与农业生产经营周期相匹配的流动资金贷款和中长期贷款业务,简化贷款审批流程。

通过设立的政策性农业信贷担保资金、创业担保贷款担保资金,将符合条件的家庭农场纳入政策性融资担保政策的覆盖范围,完善风险补偿机制。

第十二条 市、区农业农村部门应当为家庭农场提供政策性保险,引导家庭农场参加各类农业保险,增强家庭农场抵御风险的能力。

鼓励保险机构加强对家庭农场的综合保险服务,建立健全包括农作物生产和农产品运输、储存、加工、销售等全流程风险保障体系,扩大农业保险覆盖范围。

第十三条 市、区科技、农业农村部门应当指导和支持家庭农场应用新品种、新技术、新农艺,支持有条件的家庭农场建设科技试验示范基地,参与实施农业技术研究和推广活动。

农业科研、农技推广等机构应当组织农业科研人员、农技推广人员,通过技术培训、定向帮扶等方式,为家庭农场提供先进适用技术。

第十四条 家庭农场经营者可以自主决定向市场监督管理部门申请登记。符合条件的,市场监督管理部门应当依法受理并准予登记。

第十五条 市、区商务、农业农村部门应当采取措施,推动家庭农场和电子商务平台经营者建立合作关系,拓宽农产品流通渠道。

鼓励电子商务平台经营者通过降低入驻门槛和促销费用等方式,支持家庭农场发展农村电子商务。

第十六条 支持家庭农场开展绿色食品、有机农产品、农产品地理标志认证,推动品牌建设。

市、区农业农村部门应当对家庭农场开展品牌建设,给予指导和服务。

第十七条 家庭农场从事种植业、养殖业的,执行本市农业生产电价,并可以参照农民专业合作社执行农业分时电价。

第十八条 家庭农场经营者应当提高从事农业生产管理的能力,参加相关技能培训,掌握相应的知识和技能。

市人力资源社会保障、农业农村部门应当建立健全农业职业培训制度,完善新型职业农民、农业职业经理人、农村实用人才等培育计划,提高家庭农场技术、管理等水平。

鼓励涉农院校、科研院所和农业产业化龙头企业等,采取田间教学等形式为家庭农场提供职业技能培训服务。

鼓励家庭农场经营者通过多种形式参加职业培训，取得专业技术职称、职业资格证书、职业技能等级证书或者专项职业能力证书。

第十九条　本市户籍人员在家庭农场就业期间，经协商一致，可以通过集体参保方式，参照本市灵活就业人员参加城镇职工基本养老保险和医疗保险。

市、区人民政府应当完善家庭农场经营者参加社会保险的相关政策，扩大覆盖面，提高保障水平。

第二十条　市农业农村部门应当建立统一的信息服务管理平台，开展家庭农场数据采集、运行分析等工作，收集、汇总、发布、更新国家和本市有关家庭农场发展的政策措施、行业动态等信息，为家庭农场提供个性化服务，并为公众提供查询服务。

第二十一条　本市开展家庭农场示范建设，发挥示范家庭农场在发展适度规模经营、应用先进技术、实施标准化生产、提高农产品质量等方面的示范作用。

市、区农业农村部门应当会同相关部门制定和完善市、区两级示范家庭农场认定标准并组织评审。对经评审认定为示范家庭农场的，市、区农业农村部门应当进行定期监测和动态调整，并给予相关政策扶持。

第二十二条　家庭农场可以与相关企业、农民专业合作社和社会化服务组织在资金、技术和市场等方面加强合作，形成农业产业化联合体，提高农业经营效益。鼓励家庭农场发起或者加入农民专业合作社。

鼓励家庭农场发展农产品初加工产业、休闲农业、创意农业，拓展互联网销售模式，加强与文化旅游等二三产业融合，促进都市现代农业发展。

区农业农村部门和镇（乡）人民政府应当为家庭农场对外合作、产业延伸等提供指导和服务。

第二十三条　家庭农场从事生产经营活动应当遵守农村土地用途管制、耕地保护、生态环境保护、农产品质量安全管理等相关规定，使用并维护好农田水利、林网等基础设施，不得有以下行为：

（一）擅自将流转经营土地再流转给第三方；

（二）损害农田水利、林网等基础设施；

（三）从事掠夺性经营，损害土地、其他农业资源和环境；

（四）擅自改变流转经营土地的农业用途；

（五）采取弄虚作假、隐瞒真实情况等手段，套取政府扶持项目和资金；

（六）违反法律、法规的其他行为。

家庭农场有前款第一项至第五项所列行为之一的，依法承担法律责任，区农业农村部门应当将其移出家庭农场名录库。

第二十四条　侵犯家庭农场合法权益的，应当依法承担法律责任。

国家机关工作人员在促进家庭农场发展工作中玩忽职守、滥用职权、徇私舞弊或者有其他违法行为的，由其所在单位或者上级主管部门依法给予处分；构成犯罪的，依法追究刑事责任。

第二十五条　本条例自 2021 年 1 月 1 日起施行。